王卫与顺丰

周锡冰 著

中国出版集团
中译出版社

图书在版编目(CIP)数据

王卫与顺丰/周锡冰著.—北京：中译出版社，2021.2
("中国著名企业家与企业"丛书.第二辑)
ISBN 978-7-5001-6609-2

Ⅰ.①王… Ⅱ.①周… Ⅲ.①王卫－生平事迹②快递－企业经营管理－经验－中国 Ⅳ.①K825.38②F632.3

中国版本图书馆CIP数据核字（2021）第033316号

出版发行 / 中译出版社
地　　址 / 北京市西城区车公庄大街甲4号物华大厦6层
电　　话 / (010) 68005858，68358224（编辑部）
传　　真 / (010) 68357870
邮　　编 / 100044
电子邮箱 / book@ctph.com.cn
网　　址 / http://www.ctph.com.cn

策划编辑 / 刘永淳　范　伟
责任编辑 / 范　伟　郑　南
封面设计 / 潘　峰

排　　版 / 北京竹页文化传媒有限公司
印　　刷 / 北京玺诚印务有限公司
经　　销 / 新华书店

规　　格 / 880毫米×1230毫米　1/32
印　　张 / 8.125
字　　数 / 150千字
版　　次 / 2021年2月第一版
印　　次 / 2021年2月第一次

ISBN 978-7-5001-6609-2　定价：49.00元

版权所有　侵权必究

中　译　出　版　社

目录 CONTENTS

第一章　顺丰顺丰，一路顺风 1

第二章　加盟到直营，内部提拔管理层 39

第三章　天下货运，唯快不破 69

第四章　夯实 B2B，敢于创新 95

第五章　重货更名，顺丰上市 121

第六章　深耕零售，搭建生态 147

第七章　顺丰转型，布局物流地产 177

第八章　远交近攻，出海亮剑 203

附　录 223

后　记 251

第一章

顺丰顺丰,一路顺风

> 我们说追赶国际快递大企业,追赶的是什么?我想,首先,不是规模,而应该是服务质量和声誉,追求像他们一样受到消费者的认可和社会尊重。其次,是要评估好自己有没有实力去实现这个目标。基础不稳的话,你在上面盖的房子很容易变危楼,如果塌了,影响更大。我们要对自己有一个清楚的评估,要脚踏实地,一步步走。至于能走多快、走多远,并不需要苛求。最后,是要看国家的产业政策是否稳定。
>
> —— 顺丰创始人 王卫

爱拼才会赢

在中国数千年的悠久文明中，每个时代都因为在各行各业涌现出为数众多的卓越人才，共同谱写了伟大而灿烂的中华文明。

"江山代有才人出，各领风骚数百年。"清代诗人赵翼的诗高度地概括了历代长江后浪推前浪不断续写的英雄之歌。

实行改革开放后，第三产业如雨后春笋般茁壮成长起来，同时也培养了一批比肩世界500强的企业家。在中国本土的快递行业，顺丰快递创始人王卫就是这样一位企业家。他不仅创建了属于自己的顺丰快递，带领团队在与世界快递巨头、本土快递企业的较量中异军突起，将顺丰做成一家名副其实的隐形冠军企业。

当顺丰借壳上市后，这家企业的神秘面纱才被媒体和公众揭开。此后，通过各种报道中，我们才开始了解到关于顺丰和王卫不为人知的往事，同时也成为我们窥其全貌的发端。

2017年2月23日，顺丰成功借壳上市，市值超过千亿元。王卫的个人财富一度飙升至中国第三名，超过了腾讯创始人马化腾，仅次于万达创始人王健林和阿里巴巴创始人马云。

王卫从一个不知名的创业者，尤其是一个从底层开始的不知名创业者完成了千亿富翁的华丽转身；顺丰从当初顺德区街边的一个名不见经传的小创业公司发展成如今领军中国快递行业的巨头。创始人王卫用什么样的经营策略，走出了一条与众不同的创业之路？一路上虽然充满艰辛和坎坷，但是其中的传奇色彩也令我们好奇。

让我们把时钟拨回到1978年，去了解一个7岁儿童的生活经历。当然，1978年这一年，不论是对于中国，还是对于其后崛起的顺丰，以及年仅7岁的王卫而言，都是一个不得不提及的转折之年。

转折之年

1978年5月11日，《光明日报》在头版刊发了一篇名为《实践是检验真理的唯一标准》的文章。

该文指出，检验真理的标准只能是社会实践，理论与实践的统一是马克思主义的一个最基本的原则，任何理论都要不断接受实践的检验。正因如此，该文的发表被誉为中国理论界炸响的一声"春雷"，由此引发了一场关于"真理标准问题"的大讨论。

1978年12月18—22日，十一届三中全会在北京举行。全会的中心议题是讨论把全党工作重点转移到社会主义现代化建设上来。

全会作出了从1979年起，把全党工作重点转移到社会主义现代化建设上来的战略决策。在经济建设问题上，从纠正急于求成的错误倾向和全党要注意解决好国民经济重大比例严重失调等问题出发，必须采取一系列新的重大措施，对陷于失调的国民经济比例关系进行调整，对过分集中的经济管理体制着手认真的改革。

全会重新确定了中国共产党的正确的思想路线,批判了"两个凡是"的错误方针,充分肯定了必须完整、准确地掌握和运用毛泽东思想的科学体系,高度评价了关于真理标准问题的讨论,确定了解放思想、开动脑筋、实事求是、团结一致向前看的指导方针。[①]

如此结论从理论上根本否定了"两个凡是"。由此,中国轰轰烈烈的改革开放由此拉开序幕。

与北京剧烈的社会变革迥然不同的是,相距1000公里的一对上海高知夫妇,却没有觉察到中国变革时代的到来。他们经过慎重考虑,决定迁居香港。

需要说明的是,这对夫妇,就是王卫的父母。父母的决定是不可能与一个年仅7岁的孩子商量的。1978年,王卫的父母带着年仅7岁的他开始了他们的香港生活。就这样,王卫父母的迁居决定,由此改变了王卫的人生轨迹。

与其他"赴港潮"一样,定居香港的王卫和家人不得不

---

① 人民网:《中国共产党十一届三中全会简介》,[EB/OL],2019-03-12,http://cpc.people.com.cn/GB/64162/64168/64563/65371/4441896.html。

面对全新的、有别于内地的别样生活。

客观地讲，内地居民的迁入，加速了香港的繁荣，同时也书写了成千上万个可歌可泣的、底层人民打拼的、"狮子山"精神的创业故事。

这样的结论，源于我们研究了20世纪四五十年代到七八十年代，中国内地的几次移民潮。当大量移民进入香港后，解决了香港当时急缺的劳动力、技术以及所需的资金，尤其是对高素质的人才的需求。

正因为如此，在潮起潮落的、远离政治中心的香港，在天时地利人和的背景下，香港经济由此开始腾飞。每当夜幕降临的时候，闪烁的霓虹灯绚烂亮起，真切地勾勒出繁华香港夜景的盛况。

在中国内地，这样的盛景通常是在留声机里淌出周璇婉转的歌声——"夜上海，夜上海，你是个不夜城；华灯起，乐声响，歌舞升平"。

每当歌声响起，不禁让我们追忆起那个灯红酒绿、纸醉金迷的上海。然而，由于历史的原因，内地的人才、资金等南下，进入香港后，香港开始繁荣起来。

在当时，许多香港电影都习惯性地把霓虹灯植入镜头中。在这些电影导演看来，霓虹灯不仅作为电影观众的一个视觉符号，同时也把香港的繁荣和可歌可泣的家国情怀故事整合在一起，其后英雄的故事传播到世界各地。例如，在韩剧《请回答1988》中，更是把香港电影《英雄本色Ⅱ》植入电视剧的开篇，足以说明香港电影的影响力。

此刻的香港，被誉为世界的"东方明珠"，与中国台湾、新加坡和韩国合称"亚洲四小龙"（Newly Industrial Economics，NIEs，即"新兴工业经济体"）。

在这样的背景下，被誉为香港经济晴雨表的霓虹灯也因此迎来了自己的黄金时期。此刻的香港人，哼唱着《狮子山下》，不管是顺境，还是逆境，其信念是只要肯拼，就肯定会赢。

狮子山精神

查阅"狮子山"的相关资料发现，与其相关的故事有很多，甚至有人把此段历史写成了"狮子山下"的传奇人生。

原因是，从狮子山创业到电视剧，再到流行华夏大地，"狮子山精神"已经成为香港人民艰苦打拼的化身。

20世纪40年代，20岁出头的广东潮阳人刘锦木离开家乡，沿着海岸线向前走，一直走到了深圳。

不可否认的是，刘锦木独闯世界，源于其自身的经历。刘锦木7岁丧父、9岁丧母，跟着一群乡亲离开家乡，前往香港，目的就是逃避战乱。

经过长途跋涉，刘锦木与乡亲们一起渡过深圳河、跨越九龙半岛，继续向前进。

当刘锦木一行人来到一座山下时，先抵达的人已经搭起很多参差不齐的木屋。由于该山像一头威武的狮子，因此称之为"狮子山"。

据了解，狮子山海拔只有495米，由于其不够高大，香港旅游手册都没有介绍。关于狮子山，流传的版本很多，也有人称，之前此处有九条龙，经常肆虐百姓，玉皇大帝委派一头狮子前往镇压，其后遂成山水。

与其他乡亲一样，刘锦木不得不从山上砍伐树木，搭建一座属于自己的木屋。刘锦木有了一个稳定的落脚点，然后跑到西环的码头去做苦力。经过努力，刘锦木在香港站稳了脚跟。

20世纪70年代，一首名为《狮子山下》的歌曲流行开来。刘锦木的四儿子经常哼唱这首歌。在他看来,《狮子山下》的歌词里说的就是自己一家的悲欢离合的打拼故事。

  人生中有欢喜

  难免亦常有泪

  我哋大家

  在狮子山下相遇上

  总算是欢笑多于唏嘘

  人生不免崎岖

  难以绝无挂虑

  既是同舟

  在狮子山下且共济

  抛弃区分求共对

  放开彼此心中矛盾

  理想一起去追

  同舟人誓相随

  无畏更无惧

  同处海角天边

  携手踏平崎岖

我哋大家

用艰辛努力写下那

不朽香江名句 ①

2002年,由于香港经济遭遇萧条,时任财政司司长的梁锦松在宣读他的首份预算案后,朗诵起《狮子山下》歌词,勉励香港市民续写"狮子山下"精神。

2002年11月19日,时任中华人民共和国总理的朱镕基也朗诵了《狮子山下》,呼吁港人进行第二次创业。

这足以说明,《狮子山下》这首歌,不仅描写了20世纪70年代香港经济腾飞时,底层的创业者们的努力与挣扎,以及他们顽强不息的奋斗精神,同时也是千百个像顺丰创始人王卫一样,内地赴港潮中"新香港人"艰苦打拼的真实写照。因为"狮子山精神"已经成为香港艰苦奋斗的化身。作为企业老板的林振华更是坦言:"经济最低时,大家互相打气,经常会说到它(狮子山),并相信只要勇敢面对,明天会更好。"

---

① 黄沾:《狮子山下》[EB/OL],2019,https://baike.baidu.com/item/ 狮子山下 /6241560?fr=aladdin。

正因为如此，王卫今天的成功，一方面源于自身的努力和坚守，另一方面离不开艰苦奋斗的"狮子山精神"。

被改变的创业人生

当我们回顾 20 世纪四五十年代至七八十年代的这段香港历史时，尤其是这个阶段的赴港潮中，我们陡然发现，成千上万人的命运因此被改变，其中就包括年仅 7 岁的王卫。

1971 年，王卫出生在上海一个较为优渥的知识分子家庭。王卫的父亲是一名空军的俄语翻译，母亲则是江西省一所大学的教师。即使是在今天，王卫父母这样的工作，也是十分体面的，在 20 世纪 70 年代更是如此。

众所周知，上海自从 1843 年开埠以来，从当年的小渔村，一度蜕变成为集金融、贸易等于一体的远东第一大城市。

清末著名改良派思想家王韬在《瀛壖杂志》一书中详细地描述上海开埠后的巨大变化，他引用印江词客一首《竹枝词》写道："万里通商海禁开，千年荒冢幻楼台。可怜酒地花天里，夜有青燐泣草菜。连云楼阁压江头，缥缈仙居接上游。十里洋泾开眼界，恍疑身作泰西游。"

其后，经过上百年的发展，上海成为中国的金融中心，即使在抗日战争的岁月里，上海的金融作用也非同小可。

中华人民共和国成立后，上海的金融地位仍未改变。20世纪70年代末期，上海依然是中国经济最为发达的地区。1978年十大城市GDP排名数据显示，上海位居首位，是首都北京的两倍多。详情如下：（1）上海为272.81亿元；（2）北京为108.8亿元；（3）天津为82.65亿元；（4）重庆为67.32亿元；（5）长春为51.2亿元；（6）哈尔滨为45.7亿元；（7）沈阳为44亿元；（8）广州为43.09亿元；（9）大连为42亿元；（10）武汉为39.91亿元。

2018年，上海市GDP达到32679.87亿元，比2017年增长6.6%，比1978年增长了120倍。

虽然如此，但是王卫的父母却决定移居香港。按照中国传统观念，出生在书香门第家庭的孩子，必然是以学业为重，考上著名的国内外大学，学成归来，谋得更加体面的工作，继承父辈的衣钵。

然而，让王卫父母没有想到的是，迁移香港的王卫一家，并没有获得更好的生活境遇，更为严重的是，赤贫的生活影响了王卫的求学之路。原因是，当时英国殖民下的香港，既不承认王卫父母的学历，也不认可其工作资质。因此，迁居香港后，王卫一家的生活境况一落千丈。

不得已，王卫的父母只能从事一些较为低端的工作，家庭收入顿时骤减，甚至一家人的生活开销都面临困难，这和内地优渥的生活相比，可谓天壤之别。

懂事的王卫，在读完高中后，为了减轻父母的负担，放弃求学。其后，王卫先在叔叔的工厂里，谋得一个小工的职位。

20世纪七八十年代的香港，像王卫这样给叔叔做小工的现象异常普遍。据了解，高昂的学费与不确定的未来相比，一般人会选择提前步入社会，慢慢积累财富。

在这部分人群看来，先赚钱，再求学，这是再正常不过的事情。1973年，香港电视台播出了影视剧《狮子山下》。该剧讲述了香港普通市民在逆境中凭借自强、勤劳发家致富的创业故事。

时隔多年，在接受媒体采访时，王卫回忆道：

我们全家移居香港，当时面临的境况是一穷二白，一切都要重新开始。我父母之前在内地都是知识分子，但是到香港学历不被承认，就只能去做工人，收入微薄。所以我穷过，相当清楚贫穷和被人歧视的滋味。

从王卫的话中不难看出其中的巨大变化，这样的变化让在内地拥有优越感的王卫明白了自己的落差。在香港，父母没有了曾经的光鲜教育背景和殷实的家境，王卫的起点由此一落千丈，几乎从零起步。

高中毕业后，王卫放弃继续升学进入大学的梦想，开始自己的另外一种求生之路。

此刻，在叔叔的工厂里做小工的王卫，无数次穿梭在喧嚣的、处于镀金时代的香港街头，期待属于自己的锦衣玉食和花样年华。

他那颗不安分的心开始躁动起来，与那些被时代裹挟向前的人不一样的是，王卫清楚，只有懂得顺势而为的人，才能赢得机会；只有爱拼，才会赢。

顺德起点

蜗居香港的王卫清楚,要想成功,必须抓住机遇,必须艰苦奋斗,必须敢于闯荡,必须敢于打拼,否则永远也无出头之日。这样的念头以星火燎原之势,冲击着王卫那颗不安分、力争出人头地的心。

就像电影《英雄本色》中的小马哥说的那样:"我不想一辈子让人踩到脚下!你以为我是臭要饭的?我倒霉了三年,就是要等一个机会!我要争一口气,不是要证明我比别人了不起,我只是要告诉人家,我失去的东西我一定要亲手拿回来!"

当很多"新香港人"在整天抱怨时,王卫却毅然选择北上顺德创业。因为王卫觉察到了中国内地市场蕴藏的机会,以及逐步深入的改革开放大潮。

1992年,中国改革开放总设计师邓小平视察深圳,开启新一轮的招商引资热潮。其后,邓小平发表"南方谈话":

在这短短的十几年内，我们国家发展得这么快，使人民高兴、世界瞩目，这就足以证明三中全会以来路线、方针、政策的正确性，谁想变也变不了。说过去说过来，就是一句话，坚持这个路线、方针、政策不变。改革开放以来，我们立的章程并不少，而且是全方位的。经济、政治、科技、教育、文化、军事、外交等各个方面都有明确的方针和政策，而且有准确的表述语言。这次十三届八中全会开得好，肯定农村家庭联产承包责任制不变。一变就人心不安，人们就会说中央的政策变了。农村改革初期，安徽出了个"傻子瓜子"问题。当时许多人不舒服，说他赚了一百万，主张动他。我说不能动，一动人们就会说政策变了，得不偿失。像这一类的问题还有不少，如果处理不当，就很容易动摇我们的方针，影响改革的全局。城乡改革的基本政策，一定要长期保持稳定。当然，随着实践的发展，该完善的完善，该修补的修补，但总得要坚定不移。即使没有新的主意也可以，就是不要变，不要使人们感到政策变了。有了这一条，中国就大有希望。[1]

在邓小平看来,只有继续改革开放,才能保持中国的繁荣和稳定。"南方谈话"后,中国开启了前所未有的创业热潮。在此轮创业大潮中,王卫北上顺德,开始自己的创业人生。

机会只留给有准备的人

前几日,笔者在讲课时介绍了顺丰的王卫。当时,有一位企业家抱怨当下的经营环境恶化,尤其是美国"去全球化"的单边主义。他列举了美国围堵华为事件。

笔者曾写过一篇文章——《灯塔在守候,晚舟早归航》,华为的国际化征途是否就此转向,在文中表明了一些观点。美国的围堵,不可能改变华为既有的国际化路线,只是微调。

面对企业家的抱怨,笔者以改革开放以来的企业家——

---

[1] 人民网广东频道:《1992年邓小平南方谈话(全文)》,[EB/OL],2014-08-11,http://gd.people.com.cn/n/2014/0811/c123932-21952148.html。

老干妈创始人陶华碧、华为创始人任正非、娃哈哈创始人宗庆后、谭木匠创始人谭传华,以及顺丰创始人王卫为例,告诉这位企业家,对于企业经营来说,遭遇糟糕的市场环境是常态,尤其是那些存活百年的老店更是如此。正如英国作家查尔斯·约翰·赫法姆·狄更斯(Charles John Huffam Dickens)在《双城记》一书中所言:

> 这是一个最好的时代,这是一个最坏的时代;
> 这是一个智慧的年代,这是一个愚蠢的年代;
> 这是一个信任的时期,这是一个怀疑的时期;
> 这是一个光明的季节,这是一个黑暗的季节;
> 这是希望之春,这是失望之冬;
> 人们面前应有尽有,人们面前一无所有;
> 人们正踏上天堂之路,人们正走向地狱之门。

究其原因,面对机遇,只有那些敢想敢干的创业者,才能迈出创业的第一步,其后是给客户提供极致的产品和服务。

回顾 20 世纪 90 年代,邓小平"南方谈话"后,王卫敢于北上顺德,在那里创建印染企业,其后发现快递的商机。

不可否认的是，面对这样的商机，看到的创业者成百上千，为什么只有王卫能抓住？原因是，在任何一个时代，即使在天赐良机面前，机会也只留给有准备的人。20世纪90年代，拥有资金和技术的香港制造工厂开始北移，大部分集中在广东的珠三角地区。

香港制造工厂大多采用"前店后厂"模式，广东的"厂"和香港的"店"之间，信件、货物等往来业务较为繁忙。这样的业务就催生了一批帮忙夹带货物的"水客"，王卫也是其中一员。

与其他"水客"不同的是，王卫看到其中潜在的商业价值。王卫由此断定，快递业务将成为一条生财之路。

对于这个问题，《中国商界》记者李红霞曾写道："树之大，不在乎枝叶茂盛，而在于根之深远。对于机会的认识，也是仁者见仁，智者见智。如果只乘一时之机，带来的也只能是短暂的辉煌。但事业也好，人生也罢，其实是一场马拉松，真正的角逐，靠的是实力和内功。当然了，就算在天赐良机面前，机会也只留给有准备的人。"

在李红霞看来，王卫的成功必须是建立在"打铁还需自身硬"基础上的。李红霞的理由是，"硬"的不该只是摆在人们眼前的现代化设施、装备和漂亮的财务数据，还要有适合自身的管理体系以及凝聚人心的企业文化。[①]

"水客"王卫

在邓小平"南方谈话"发表后，王卫与众多淘金者一样，只身来到广东省佛山市顺德区，并在那里做起印染生意。

王卫之所以选择顺德，是因为其毗邻广州、中山、江门三市，加上顺德又是敢为人先的改革先锋。20 世纪 80 年代，顺德就创立了全国首家来料加工、来样加工、来件装配和补偿贸易的"三来一补"企业，支持和大力发展乡镇企业，由此成为"广东四小虎"之一。

佛山市顺德区人民政府网介绍，顺德作为以制造业为主的民营经济大区，民营工业总产值占全区工业总产值的 77%，是全国最大的空调器、电冰箱、热水器、消毒碗柜生产基地之一，全球最大的电饭煲、微波炉供应基地，拥有"中国家电之都""中国燃气具之都""中国涂料之乡"等 28 个国家级品牌。经过多年发展，顺德培育了家电、机械装备两

---

① 李红霞：《谁给了顺丰机会》，[J]，中国商界，2017（03）。

个产值超两千亿的产业集群，崛起了美的、碧桂园两家世界500强企业，培育了39家规模超10亿元的民营骨干企业，涌现出一批在全国乃至世界都有影响力的"隐形冠军"企业。

不仅如此，顺德自古以来就物华天宝、经济发达。在明清时期，顺德曾以基塘农业、缫丝工业、金融商贸业的兴旺发达被誉为"岭南壮县""南国丝都"和"广东银行"。

众所周知，富庶之地往往孕育杰出的人才。顺德的名人有：文状元张镇孙、黄士俊、梁耀枢3名，武状元1名（朱可贞）；文武进士762人、文武举人2397人（北宋至清末）；清代诗书画三绝的黎简和画坛怪杰苏仁山，以及李小龙、李兆基、郑裕彤、罗定邦、伍宜孙、梁銶琚、陈冯富珍等杰出人物。[1]

正因为顺德拥有便利的交通，商贸发达，以及名人辈出，王卫毅然地选择了顺德。创业初始，王卫与其他创业者一样，在开始做印染生意时，没有赚到多少钱。不过，正是这个不怎么赚钱的项目，让王卫发现了一个巨大的商机，由此也彻底地改变了他的创业路径。

---

[1] 佛山市顺德区人民政府网：《顺德基本概况》，[EB/OL]，2019，http://www.shunde.gov.cn/zjsd/jbgk/1。

在经营印染业务的过程中，王卫发现，在印染产品的生产过程中，厂家都需要把相关的产品样品交给客户确认。样品经客户检验合格后，才能开始批量生产。

作为印染业务，王卫的印染厂同样需要遵守该流程。每次交样品，转递交的周期都很长，即使是急件，也需几天时间。

这样的样品检验流程极大地影响了印染订单的完成进度，同时也影响了产品生产的效率和成本。

"哪里有抱怨，哪里就有商机。"在老板们抱怨样品检验周期过长的同时，一些人看到了潜在的商机，于是纷纷开启一项业务——专门解决在广东设厂的香港商人把样品从码头带去香港的问题。王卫发现，如此操作的确提高了效率。

企业老板们把帮他们捎货的人称为"水货佬"。在当时，这些"水货佬"每天都往返于内地和香港之间，主要是以私人挟带的方式，把货件运往香港或者从香港运往内地。

作为赴内地投资兴业的王卫，自然要与这些"水货佬"打交道，甚至有时候他自己也做"水货佬"，帮生意圈的合作者把货件带到香港。

开始，作为"水货佬"的王卫，并不收取任何费用。

有时候，委托带货的合作者认为，给王卫添加了不少麻烦，心里很过意不去，于是主动要给王卫一些报酬，但是王卫都拒绝了。

顺丰诞生

20世纪90年代初期，香港企业家看到内地改革开放的巨大市场和生产力，8万多个制造企业迁移到内地，其中珠三角就达到5万多个。

正因为如此，催生了香港与珠三角之间的信件、货运量激增的商业机会。在当时，由于受到政策和经济环境的影响，香港与内地之间依然存在关税壁垒等诸多问题，使得两地间的货运、物流难题横亘在这些企业老板面前。

为了解决这个问题，王卫结合自身的一些经历和看到的情况，开始自己的战略转型。经过慎重考虑之后，王卫果断地放弃了当时很流行的印染行业，决定转型做专业快递。

回到香港，王卫征询了父亲的意见，父亲非常认同专业做快递的想法，并且为王卫提供10万元港币的创业资金。

王卫得到父亲的支持，带着10万港币的启动资金，即刻返回顺德，办完了顺丰快递企业注册手续。

接着，王卫火速回到香港，在香港旺角和太子间的砵兰街租了一个只有十几平方米的小门店。在当时，顺丰主营业务是替香港企业传递信件到珠三角。在市场需求的推动下，顺丰快递由此诞生。

创始人、船长、快递员

20世纪90年代，作为初创阶段创始人的王卫与其他创业者一样，必须诸事亲力亲为。初创的顺丰加上王卫自己一共就六个人。

为了更好地把货件迅速地送到客户手中，王卫与其他五位员工一样每天都是起早贪黑地收送货件。

寒来暑往，王卫与其他员工穿梭在顺德这座城市的每一个角落，摔倒了，爬起来继续收送货件。

如今的王卫，很少再亲自背着背包、拉着拉杆箱去收送货件，他有时也会亲自收送货件，以此纪念那时在他腿上留下的深浅不一的疤痕。

多年后，与王卫一起打拼的员工回忆道："那时候，大家围在王卫身边，同吃同住，每天唯一的任务就是跑市场。我们的业务员像疯了一样，每天早出晚归，骑着摩托车在大街小巷穿梭。"

正是这样的创业经历，让王卫清楚底层快递员的生存状况。也正是因为如此，王卫会替自己的快递员强硬维权。

2016年4月17日下午，"顺丰快递小哥被扇耳光"的视频在各大互联网平台传播。据了解，该事件发生在富贵园小区。一位顺丰快递员在收件途中，与一辆机动车剐蹭。

其后，身穿黑色T恤的机动车司机一边爆粗口辱骂，一边甩手殴打该快递员。视频显示，机动车司机一共打了该快递员六巴掌。在整个过程中，该快递员都没有还手，且一直忍受机动车司机的辱骂，同时还主动上前向机动车司机道歉。

当该快递员道歉后，机动车司机仍不满意地说道："对不起就完了？"其后，机动车司机用威胁的口气要求该快递员拿钱修车。

当天，顺丰快递员被机动车司机殴打的视频在互联网平台上被大量转发。在新浪微博页面中搜索"顺丰快递员被打""快递小哥"等关键词时,显示的相关帖子就达到上百条,转发数和评论数达到了上万条。

汽车之家创始人李想评论道:"我出修车的钱,包含他开出租车(京B牌照)的时间损失费,一分钱也不少他的。附带一个合理的要求,把他打快递小哥的每一巴掌都打回去。这是我的真实想法。"

面对快递员被打,顺丰官方微博回应道:"我们的快递小哥大多是二十几岁的孩子,他们不论风雨寒暑穿梭在大街小巷,再苦再累也要做到微笑服务,真心希望发生意外时大家能互相理解,首先是尊重!我们已找到这个受委屈的小哥,顺丰会照顾好这个孩子,请大家放心!"

顺丰相关工作人员在接受媒体采访时称,被打的快递员小冯,28岁,河北人,在顺丰工作半年有余。其后,顺丰工作人员带着小冯到医院做了相关身体检查。检查结果是软组织挫伤。随后,顺丰工作人员又陪小冯到东花市派出所报警。

当晚21时49分,王卫在朋友圈发文说道:"如果我这事不追究到底!我不再配做顺丰总裁!"

当顺丰创始人王卫强势回应后,顺丰集团也发表严正声明:"以后如发生类似事件,顺丰仍将依法维权,对员工的合法权益保护到底;服务行业十分辛苦,需要彼此理解和尊重,希望大家以此为鉴,共同维护社会公平正义。"

这样的维权力度,在当代中国企业史,无疑留下浓重的一笔,给当下的企业家们在员工维权上做了一个划时代的榜样。当然,王卫之所以强势维权,与自己曾经是创始人、船长、快递员的奋斗经历有关。尽管今日远离一线,王卫却没有忘记当年爱拼才会赢的艰难岁月和创业维艰的困难历程。

据媒体披露,作为创始人的王卫,定期骑着电瓶车跟随快递员派送和接收快件,按照一线员工的岗位职责执行工作并发现其存在的问题。

在王卫看来,要想了解顺丰存在的问题,必须亲赴一线。王卫说道:"如果一线、二线的问题都解决了,客户的问题也就迎刃而解,发展的问题也就解决了大半。这是要用心来经营的行业,绝对不是仅仅有钱就可以搞定的。"

速度和服务至上

在任何一个时代,同样的机遇,必然会有很多人看到,也有很多人来争抢。在快递行业也是如此,当王卫看到快递商机的同时,其他的人同样也看到了。当年的"水客"们既然先于王卫,必然也会参与其中。

正因为如此,要想击败"水客",只有比"水客"做得更好、更快,否则,自己就会被"水客"击垮。

王卫清楚,要想杀出一条血路,必须打破竞争,在丛林中实现优胜劣汰法则。王卫的顺丰打了大量的"水货佬"的饭碗时,他们之间必然会进行更加激烈的竞争,即使在2015年,"水客"依然存在。

《广州日报》报道,2015年1月11日20时许,在深圳福田口岸旅检入境大厅内,正值通关高峰时段,海关关员注意到一名身穿红色运动衫和黑色运动长裤的男性旅客。该旅客携带的行李非常简单,仅有两个塑料购物袋。该旅客随通关人流进入海关通道时,步伐不紧不慢,看起来并没有什么异常的状况发生。海关关员发现,该旅客走路的姿势有些怪异,关节十分僵硬,肌肉好像都被拉紧了一样,走的每一步都很沉重,像背负重物一般。不仅如此,该旅客的脸部表情也不自然,甚至还有意地回避关员的目光。

面对异样,海关关员截停该旅客,对其例行检查。该旅客配合海关的检查，脱去外套后，胸部、腹部、胯部、大腿、小腿等部位密密麻麻缠裹着数十部苹果手机。

海关人员经过查验和清点，该旅客以人身绑藏的方式走私苹果手机的数量高达94台，总价值超过30万元。

其后，海关官员特地调取该旅客的出入境记录，结果显示，他有过多次违规携带物品被海关查获的记录。

虽然"水客"很多，但是其不合规的操作，以及无法高效准时送达，"水客"们自然被王卫击败，退出历史舞台。然而，有需求就有从业者，新的"水客"依然在重复当年旧有的私下操作。对于此刻的顺丰而言，这些已经不能构成威胁了。

与此同时，成百上千的快递公司犹如"雨后春笋"般地涌现在珠三角地区。在此阶段，王卫必须扩张，同时行业内也在进行此上彼下的生死较量。此刻，活下去才是顺丰面临的第一问题。

在王卫看来，顺丰要想生存下来，就必须拼速度、比服务，建立市场壁垒，重建市场核心优势。

据王卫介绍，在当时，对手70元带一件货，自己只收40元。低价格的竞争策略，起到了一定的作用。在短短一段时间内,顺丰拿到了海量的快递订单,甚至让顺丰的业务范围延伸至整个珠三角地区。

王卫开辟的快递蓝海市场,也激活了曾经冷清的砾兰街。这里出现了前所未有的繁忙景象。多年后,王卫的邻居对此记忆犹新:"那时候这条街基本上没什么人,他来了之后,一直有车来拉货,慢慢地,这里开始有别的公司,还有其他店。他带旺了整条街。"

阶段性胜利

1996年,王卫领导的顺丰团队取得阶段性胜利,不仅在与众多快递企业的竞争中脱颖而出,同时还垄断了整个"深港"货运,甚至在当时拿下"深港"两地陆路上70%的快递业务。

顺丰的快速发展,给对手造成压制性威胁,对手甚至还贬称顺丰为"老鼠会"。之所以如此贬称是因为顺丰业务繁忙,包括王卫在内的团队,不得不每天都打包到深夜。在广东省顺德区街边的夜晚,王卫那间小屋里整夜都有昏黄的光亮透出来,犹如深夜离开巢穴、外出觅食的"老鼠"。

另外，当时的顺丰，由于处于初创阶段，没有统一的标识，没有整齐划一的着装。在当时，快递员的服装五花八门、千奇百怪，收、发快件的交通工具也同样如此，货车、摩托车，甚至是人力步行。

在此阶段，杂乱无章的顺丰由于没有一个完善企业管理制度，被竞争者比喻为一窝没有章法、各行其是的"老鼠"。

这是处于草莽创业阶段的顺丰的缩影，同时也是当时整个快递行业的缩影。面临危境，王卫顺势而为，抓住快递业务中的几个关键点，顺利地把快递业务带上规范化的轨道。

为了打破顺丰的发展瓶颈，王卫建立了正常的通关途径，加上政策的逐步开放和完善，给顺丰如虎添翼的同时，更多的是带给顺丰无数的机会。

此刻的王卫，已经不满足零散的"挟带"生意，而是将其集合起来，包装成统一的快件，逐渐地形成了系统化的快递运作模式。

在探索和运筹下，在短短几年时间里，不足25岁的王卫，从当初的印染企业老板、水货佬、挟带客，华丽转身为"深港"快运的龙头企业家，其财富达到百万元。然而，此刻的王卫,并不满足于此,他正在谋划顺丰未来的战略格局。

专注中高端市场

对于任何一个创业者来说,要想取得成功,不管是产品还是服务都必须超出客户的预期,尤其是对待竞争问题。王卫认为,在与对手竞争时,其撒手锏绝不是低价格和不惜一切代价的争抢客户,而是更好地提升客户的满意度。一旦客户认可顺丰的服务,从竞争中脱颖而出也就水到渠成。

对此,王卫就曾说:"我们说追赶国际快递先进企业,追赶的是什么?我想,首先,不是规模,而应该是服务质量和声誉,追求像他们一样受到消费者的认可和社会尊重。其次,是要评估好自己有没有实力去实现这个目标。基础不稳的话,你在上面盖的房子很容易变危楼,如果塌了,影响更大。我们要对自己有一个清楚的评估,要脚踏实地,一步步走。至于能走多快、走多远,并不需要苛求。最后,是要看国家的产业政策是否稳定。"

基于此,王卫从当初的印染业务转型做快递,正是凭借自己的服务态度和"以客户为中心"的经营理念脱颖而出。

顺丰发展到一定规模后，王卫开始把目光投向行业巨头、总部设于美国田纳西州、隶属于美国的联邦快递集团（FedEx Corp）。

众所周知，联邦快递是一家名副其实的跨国企业，不仅拥有充裕的资金，还有完善的管理。作为国际性速递集团，为客户提供隔夜快递、地面快递、重型货物运送、文件复印及物流服务。正因为如此，王卫把联邦快递视为自己企业发展的榜样。

确定目标后，王卫开始深入研究。然后，他发现联邦快递最初并不是涉足所有业务，而是有针对性的，把重点放在小包裹业务。例如，运送血浆、器官、药品，以及重要文件等。之所以选择这些较特殊快件，是因为其不仅要求速度，同时也要求一定的辐射范围。在当时，联邦快递只选择了5个离得相对较近的城市。

正是因为联邦快递切入一小部分市场，为自己建立较大的服务优势，积累了关键性的声誉，同时也为其后的规模发展打下了坚实的基础。

顺丰发展到一定规模后，联邦快递的蓝海市场开拓让王卫醍醐灌顶，当其他快递企业来者不拒、见件就收时，顺丰却开始选择性地揽件，还适当地限制每个包裹的重量。

在王卫看来，顺丰定位的是中高端快递市场，需要的是给客户提供极致的服务。

以淘宝交易平台为核心的电子商务兴起，为快递行业的崛起带来了前所未有的机遇。在中国，网购客户的群体异常庞大。

据了解，仅淘宝的发件量每天就达到几百万件。数据显示，2018年天猫"双11"全球狂欢节全天成交额突破2000亿元，达到2135亿元。同时，全天物流订单量达到10.42亿，再创新纪录，进入1天10亿包裹的时代。[①]

面对电商快递市场这块巨大的蛋糕，一些快递企业，包括"四通一达"在内纷纷开始涉足电商快递业务。行业竞争的硝烟由此燃起，价格战也就不可避免。数据显示，淘宝快递业务在"四通一达"全部业务中的占比一度达到70%左右。

顺丰之所以没有拓展淘宝快递业务，是因为王卫毅然专注中高端市场。在中高端市场，提供高质量的服务赢得客户

---

① 赵小燕：《2018天猫"双11"成交额2135亿》，中新社，2018-11-12。

35

的口碑才是关键。

王卫在接受中央电视台财经频道采访时坦言：

我认为，未来的"快"，首先是要满足客户体验，再去快，并不是以前理解的不断追求无限度的快，而没有去体会我们客户的体验。

我认为，现在我们是完全要根据客户的体验而重新定义何为"快"。就是我们在客户还没有提出更高的要求，或者已经要开始提出更高要求的时候，我们已经规划，把整个的服务跟我们的管控重新升级，升级到跟客户有紧密的互动。同时这种互动并不是后台的人在管，全部都是人工智能在按既定程序操作，控制所有的资源。一个指令下来，怎么让所有的这些服务单元都串联在一起，为一个客户、一个指令去服务，而中间是不经过人手的，因为人手会是影响"快"的未来一个瓶颈，我认为这才是下一个时代的快递公司所具备的一种能力。

这与王卫的经营理念有关。王卫认为，对于顺丰来说，企业竞争的本质不是为了与对手争抢客户，而是提升自己的服务，更好地服务好客户。

服务好客户，在行业竞争的较量中赢得胜利也只是时间问题。随着顺丰的口碑越来越好，"顺丰"也成为招揽生意的金字招牌，成千上万的电商店主积极寻求合作，甚至在店铺显眼处写明"顺丰包邮"。

时机成熟时，王卫决定顺丰涉足电商快递市场。2013年，王卫在内部讲话中说："顺丰能一直走到今天，就是因为我们采取了差异化的竞争策略。我们提供的是不同于其他快递公司的快递服务和市场定位，并且能让消费者清楚地知道，顺丰提供的速运服务和其他快递公司有着本质的不同。"

第二章

加盟到直营，内部提拔管理层

> 未来跨行业的竞争中，面对的竞争对手是IT公司。科技的竞争重点是技术的竞争，核心是人才的竞争，你没有人才就不可能跟这些科技公司竞争。
>
> ——顺丰创始人　王卫

加盟到直营

1996年，顺丰垄断了通港快件业务，成为名副其实的隐形冠军。王卫领导的顺丰由此坐上了通港快件的头把交椅，此刻的顺丰俯瞰整个华南市场，其业务量已经无人能及。

面对既得的市场，一个问题摆在王卫面前。这一道坎关乎王卫和顺丰的前途和命运。这就是，稳坐广东市场头把交椅的顺丰，是偏安一方，继续当好自己的诸侯王，还是向其他地区拓展自己的企业边界？

对于快递业来讲，尤其是"四通一达"，都坚持加盟模式来扩张，原因是加盟模式在快递扩张阶段，利大于弊。

此刻的顺丰，作为势头迅猛的华南虎，在王卫慎重思考后，启动扩展自己版图的引擎。其后，顺丰也开始了自己的加盟模式。但是直到后来的一个投诉电话，让王卫惊醒，过度的加盟可能引发顺丰难以想象的危机事件，于是开始战略转型，从加盟模式变革到直营的漫漫长路上来。

加盟扩张

在顺丰的扩张中，拓展企业边界就意味着拓展全国快递市场。在当时，顺丰内部对此问题进行了各自立场的辩论。

稳健的观点认为，顺丰应该继续夯实和稳固华南快递市场。这样的战略，既可以给顺丰提供充足的快件业务量和较高的盈利水平，同时也可以避免顺丰到更激烈的快递市场去与对手较量，与其在竞争中冒险，不如稳健地发展。

扩张还是坚守是中国诸多企业发展中都会遇到的问题。大多数创始人认为，当初创企业发展到一定的规模后，采取激进的财务扩张更符合创业公司的战略，其理由是，中国庞大的利基市场和蓝海市场就是未来现金流的利润池。

王卫也认同类似的观点。在王卫看来，虽然顺丰是一个刚刚成立三年的初创企业，人才和充足的资金是顺丰急缺的战略资源，中国巨大的蓝海市场让王卫看到了希望。

20世纪90年代，尤其是邓小平发表"南方谈话"后，中国正处于一片创业热潮中。谁先下手，谁就有可能获得这巨大的机会，风险与利益共存。

当时，由于资本行业并不发达，风投更是凤毛麟角。基于此，任何一个快运企业获得风险投资，其可能性近乎为零，甚至连银行贷款都是小概率事件。

王卫认为，既然顺丰没有外部资金的支持，那么对手也同样如此。同时，王卫也清楚，仅靠顺丰当时的积累，很难拥有足够的现金支撑如此大规模的全国扩张战略。

面对巨大的蓝海市场，王卫决定，小规模地拓展企业边界。其后，王卫宣称，既然无法获得外部资金的支持，那么就自己"造血"。

面对市场机遇，无论面临什么样的困难，都必须走出广东市场，拓展全国市场。在王卫的通盘战略中，与其全盘突击，不如先拿下长三角经济带（包括上海市、江苏省、浙江省）的快递市场。

王卫之所以选择长三角经济带市场，是因为长三角经济带是中国改革开放后，经济发展速度最快、经济总量规模最大、最具有发展潜力的一个经济板块。

在当时的快递市场盛传"得华东者得天下"的顺口溜。虽然该顺口溜没有足够的证据证明只要快递企业拿下华东板块就可以称王,但是也足以说明,长三角经济带快递市场在各家快递企业内的全国战略市场中都占据重要的位置。

既然"得华东者得天下"是快递业公开的秘密,那么就意味着,王卫也会加注拓展长三角经济带的快递业务。要想虎口拔牙,其难度也非常大,其竞争格局不仅远比珠三角经济带复杂得多,同时也是顺丰在客场作战。

究其原因,1993年,当顺丰在香港砵兰街开业的同时,浙江桐庐人聂腾飞和詹际盛在杭州创立了申通货运代理有限公司,主要的业务是解决杭州贸易公司的报关单在第二天送达上海的问题。1995年,申通快递经过两年的高速发展后,相继拓展了浙江杭州周边的宁波、金华和东阳等地。1996年,申通把触角伸到江苏省的南京和苏州。1997年,申通经过几年的积累,企业发展由此进入上升通道,开始拓展北京、广州、武汉、成都和青岛等城市的快递业务。1998年,经过5年发展的申通,已经拥有了50多个网点,主要集中在长三角地区。

此刻的顺丰，拓展华东市场的最大障碍就是必须与申通为首的"桐庐帮"直面竞争。经过调研发现，在长三角经济带，其快运企业尽管很多，但是其市场竞争主要以低价为手段，整个快递市场异常混乱，毫无章法。

面对乱局，王卫将广东市场的低价和优质服务模式复制到华东市场。当时，在广东市场，顺丰主要以直营网点为主，如此模式复制到华东市场后，很快就出现问题了。

相比广东市场，华东市场的规模更大，顺丰必须拿出足够的资金，在短时间内大量布点。此时，顺丰没有其他办法，不得不采用"四通一达"的加盟模式。

当时，顺丰在长三角经济带每设立一个网点，就成立一个公司，这些遍布长三角经济带的网点与之前珠三角的网点不同，但是却构建了顺丰早期的快递网络。

在企业边界扩展中，加盟的渠道方式虽然简单，其存在的弊端也很明显。

在创业初期，加盟的模式帮助顺丰迅速地敲开了华东快递市场。其后，顺丰凭借加盟这种滚雪球式的经营模式，敲开了华中、华北等快递市场，由此进入顺丰发展的高速扩张阶段。

当顺丰完成了华南、华东、华中、华北市场布局后，一张覆盖中国大部分地区的快递网络已经完成。对于此刻的王卫来说，顺丰之所以能够迎来新一次的高速发展机遇，是因为当初果敢的采取激进的财务扩张战略。

经过多次调整，尤其是 1999 年后，顺丰的发展顺利地进入稳定增长期，成为中国民营快递企业中的隐形冠军。

转向直营模式

1999 年，对于王卫而言，顺丰虽然高速发展，但是却面临向左还是向右发展的问题，对此，研究者将 1999 年视为顺丰的转折之年。

与此同时在中国的互联网领域，一些电子商务企业先后创立起来。

1999 年年初，王峻涛创办了电子商务网站——8848，标志着中国第一家电子商务网站由此诞生，王峻涛被誉为"中国电子商务第一人"。

1999 年 9 月，阿里巴巴创始人马云从北京回到杭州湖畔花园一间仅有 150 平方米的住宅里，与他的十八罗汉创办阿里巴巴。

1999年11月，当当网创始人李国庆与俞渝创立当当网，在互联网上销售图书。

……

对于诸多初创企业而言，当初遭遇的种种不利条件依然存在。与之不同的是，王卫领导的顺丰偏安广东，成为当地的隐形冠军。不仅如此，顺丰更是凭借加盟制度，不断地建立新的网点。

经过五六年的发展，顺丰占据广东市场，开始布局全国市场。正当顺丰有条不紊地进行加盟模式时，王卫却接到一个投诉电话，加盟制度才戛然而止。

在电话中，顺丰加盟的负面信息浮出水面。此刻，王卫意识到顺丰加盟制度的诸多问题，其严重程度让他警醒。

在此之前，关于顺丰的诸多负面信息，王卫虽然有所耳闻，但是并没有引起他的重视。正是这个投诉电话，让王卫意识到，是时候加强公司的制度管理了。

于是，王卫制定了一系列新的规范和措施，但是都没有解决根本问题。不得已，王卫重新思考顺丰的管理模式。

经过慎重考虑，王卫认为，要想解决顺丰遇到的问题，必须进行彻底改革，将之前的加盟模式过渡到直营模式。

究其原因，在顺丰的发展过程中，加盟模式存在诸多弊端，例如，在加盟模式中，总部与加盟网点间的隶属关系相对松散，总部制定的诸多管理制度在执行过程中遭遇加盟网点的抵制，甚至拒绝执行。

由于管理制度贯彻不到位，甚至是不到底，很难保证顺丰的服务质量，甚至有些加盟网点追逐个人利益，擅自在正常的业务过程中夹带私货，延揽其自身的其他业务。当有些加盟网点各自为政时，无疑就形成了"诸侯割据局面"。

在王卫看来，面对如此困局，必须"王佐断臂"，尤其是顺丰有志于成为一家优秀的国际快递企业，那么，必须保证管理制度的彻底执行。

基于此，直营模式就成为顺丰可以选择的路径，原因是直营能彻底地解决遍布全国各地的加盟网点得以标准化管理的问题。

在王卫看来，只有直营模式才能提高顺丰整体的服务水准。顺丰如果从加盟模式向直营模式转型，无疑需要花费一番工夫。

时隔多年后，王卫回忆道："当顺丰提出差异化经营后，承包网点改直营便遇到了很多的麻烦。当时一个承包网点就是一个小王国,根治这些问题,压力非常大。"

在王卫看来,加盟模式的弊端已经影响到顺丰的做强做大,尤其是小王国一样的承包网点就容易形成孤岛,听不到来自总部的声音。通过直营模式,掌握网点的管理权是非常明智的,也是顺丰做大的一个关键。

要想打破僵局,就必须废除加盟模式。当此战略决策被提上日程后,遭到加盟网点的纷纷反对。王卫此时决心已下,不仅力排众议,依旧坚持既定的直营模式。

在此轮变革中,王卫大刀阔斧,砍掉诸多冗长的加盟模式。由于此次变革触及加盟网点的个人利益,有些网点的加盟商联合起来,共同抵制王卫的直营模式变革,希望以此让王卫"知难而退"。

当时,在王卫主持的此次战略转型中,其阻力相当大,传言称,王卫甚至还遭受过人身安全威胁,其激烈程度可见一斑。

面对威胁,王卫果断地聘请保镖。一方面可以保护自己,另一方面也可以顺利地保证直营模式的推进。时至今日,每当王卫出行,总会安排随行保镖负责安保。

面对威胁,王卫毫不畏惧,果断地出手,坚持直营模式转型。直到 2002 年，王卫成功收权，顺丰因此从加盟模式转型为直营模式。

可以说，加盟到直营模式的战略转变，成为顺丰发展历史上一个较为重要的转折点。当变革完成后，王卫就牢牢地掌控顺丰旗下全部网点的主导权和话语权，即从总部发出的任何指令，其网点都必须高效地贯彻执行。

考核机制

对于任何一个企业来讲，当企业发展到一定规模后，规范化的管理模式也就随之而来。在员工管理的过程中，每个创业者都有自己的方法和手段，有的创业者通过罚款来激励员工。

对此，王卫却有自己的看法，尤其是作为从一线做起的管理者，深知快递员的艰难和不易，王卫特此制定了一个扣分机制来替代罚款，虽然目前争议较多，但是员工却很认可。

顺丰快递标准

在有关快递业的新闻中,有一条信息引发关注,那就是王卫花费1亿元为员工定制耐克(Nike)牌工作服。

据了解,此款顺丰工作服装价值2000多元,属于耐克SHIELD系列,其"黑科技"不少。例如,工作服两肩都配置反光贴条,让机动车司机和其他行人能够有效地识别,提高快递员的安全性;又如,该工装具有防风、防水、透气,以及轻量化等功效,能够适应恶劣天气,提升员工工作时的舒适感。

当工装发给员工后,立即引发轰动,多家媒体都争相报道。《南方都市报》报道如下:

不久前,顺丰联合Nike推出联名快递服,这套服装具有防风、防水以及轻量化的功能。当然,如果采购能置换Nike厂家的快递物流服务,也未尝不是个好合作。

在顺丰的换装顺序中,上海及华东地区率先换装,其他地区陆续换装。对于换装的理由，王卫的解释是，此前工服透气性差，尤其是炎热的夏季，不透气的工装贴在快递员身上，看起来相对"邋遢"，影响顺丰高端快递的形象。

此外，换装还有一个更深层次的原因：当顺丰转为直营模式后，制度落地才是王卫看中的，此次换装就是一次尝试。

在王卫看来，就职顺丰意味着自豪感、荣誉感。查阅媒体报道显示，作为一名出生于20世纪90年代的快递员，W就是顺丰众多快递员中的一员。

在W看来，入职顺丰是看中顺丰的高额薪资、正规管理和企业的影响力。让W没有想到的是，作为顺丰的一名合格快递员，不仅需要严格遵守顺丰公司的各项制度，同时还需要接受顺丰的会员注册、保价等各项业务指标的考核。

好的管理加速员工的成长。入职不久W签订了一个大单，公司因此奖励了W，W感到非常高兴。

的确，像W这样的快递员举不胜举，只要工作努力，收入和个人能力都能不断提升。正是因为如此，顺丰员工的流失率还不到30%。反观整个快递业，员工流动率平均高达70%。当然，顺丰之所以能够留住员工，除高额薪资外，就是顺丰基于直营模式下的管理机制。这是支撑顺丰成为快递行业标杆的一个重要原因。

"扣分"比罚款更有效

作为管理制度，自然会约束员工的行为，T对此感触颇深。在货物的挑拣中，T的"野蛮操作"被站点监控完整地记录了下来。

其后，T接受了扣三分行政分的处罚。作为快递员的T深知，但凡"野蛮操作"，一旦被发现，其处罚力度是相当严重的，因此一向较为注意。

然而，T一个不恰当的操作，结果还是被处罚了。T在接受《中外管理》记者采访时介绍称，他放快递的高度当时最多也就到脚踝（普通快件离接触面之间的距离不超过30厘米），然而，这样的操作被视为违规。

其后，T找到站点负责人澄清情况，同时站点负责人调阅了监控记录。对此结果，站点负责人也很无奈。

此次扣罚行政分是很严重的。在T看来，此次扣罚的三分行政分也不知道什么时候能贴补回来，为此闷闷不乐。

王卫与顺丰

可能读者好奇的是,顺丰快递员为何把"扣分"看得如此之重?究其原因,当快递员违反制度时,一旦被扣行政分,那是顶格处罚,比罚款还要严重得多。

在此次处罚中,T接受的处罚就是扣行政分。据了解,入职顺丰的每个员工,都拥有20分行政分,一旦违反顺丰的企业制度,就会被扣分,一旦扣分,就意味着失去晋升机会。

在内部提拔中,行政分作为一名员工内部晋升的考核标准,同时也是一个必备条件。如果某员工的行政分低于10分时,那么该员工将会面临被劝退的危险。一旦行政分被全部扣完,顺丰就会直接解除与该员工的劳动合同。

按照惯例,行政分一旦被扣掉,就很难再增补回来。在顺丰,增补行政分也有一些途径,例如,收到国际快件。

像T.被处罚的事例为数不少。在顺丰,但凡涉及服务态度的员工,其处罚的结果是,扣掉五分行政分。甚至客户由于自己心情不好,而投诉了快递员,那么快递员也只能接受处罚。

在王卫看来,任何人,包括王卫自己,三条红线绝对不能触碰:服务态度差、丢件、违背规章制度。

基于此，对于任何一名顺丰员工，只要谁敢触碰这三项，轻则扣罚行政分，严重者则被直接开除。

当然，顺丰处罚基层快递员时，也会相应地处罚管理层，因为管理人员也负有相关连带责任。例如：如果没有按照要求，给客户实名注册寄件，处罚如下：扣行政分、直接停工、没收手持终端（巴枪）。

当处罚快递员后，顺丰也会处罚点部主管、分部主管和分部经理，同样也要相应地扣除行政分。

与"四通一达"的"以罚代管"不同的是，顺丰在处理员工时，几乎不使用罚款的手段。

据王卫介绍，对违反制度的员工不罚款，原因如下：

第一，王卫当年既是快递员，又是老板，深知一线快递员的艰辛和不易。

第二，王卫认为，罚款不是最好的激励员工的方案，有效的激励措施还有很多。相比罚款，有效激励措施更能解决员工的违反企业制度问题。

第三，除了扣除违反企业制度员工的行政分外，还为其提供相应的培训，或者站点调整等激励措施。

据《中外管理》报道，圆通快递员小北总是和顺丰的快递员在一个地方派件，两人混着混着就熟了。他开玩笑说："有好几次见不着他（顺丰快递员），没想到过几天来了，说收了违禁品，被公司叫去培训了。结果没过几天又去培训了。"

针对此问题，T在接受《中外管理》采访时介绍道："只要有投诉，员工就不用上班，直接去顺义接受培训了。"

为了更有效地培训员工，顺丰曾为此收购与培训相关的企业。经过培训后，一旦快递员还是意识不到其问题的严重性，甚至屡屡地触碰顺丰企业制度的红线，或者其业绩不佳，那么该快递员极有可能被调离，甚至被调到快件量少的区块。

当然，顺丰此举就意味着变相地降低了该快递员的工资，该快递员只有两种选择：第一，将岗位任务执行到位，争取内部提升；第二，离开。

正因为如此，顺丰的考核机制备受争议。顺丰的一位前高管Z先生在接受《中外管理》采访时对其评价称，顺丰服务效率和服务质量控制的核心，就是近乎"无情"的考核机制，即使有不可抗力的因素，也仍然要求员工只对结果负责。①

公平与高收入并重

顺丰虽然坚持严厉的考核机制,但是支付给员工的薪水远高于同行业。《中外管理》曾报道称,早在几年前,一名就职于北京国贸区域的顺丰快递员,其高额的薪水引起广泛的关注,因为该快递员连续两个月挣到了12万元。

由于快件太多,该快递员每天都送不完,为此叫其亲戚帮忙送达。可能此类薪水较为特殊,原因是,顺丰快递员的收入通常分为如下几类:A类、B类、C类。

在北京、上海、广州、深圳四个城市,将其视为A类区域。一般地,普通快递员月薪达到1.5万元以上。

在A类区域,在确保快递员高收入的同时,顺丰也在寻求其他办法。顺丰的具体做法是,凭借其敏捷的调整体系,保证快递员收入的公平性。

比如像上述月薪12万元的快递员,显然只是少数。顺

---

① 谢丹丹:《在流动率70%的快递业,顺丰小哥为何如此拼命?》,[J],中外管理,2017(07)。

丰发现此问题后，很快就调整了该快递员所在地区的作业体系。

据顺丰前高管Z先生介绍，在顺丰的末端收派件作业体系中，分为三种：

第一，直派。

第二，接力式。在一个区域内，此类方式一共由3~4个收派员负责收派件，当然也共享该区域内的收派利益分成。

第三，两端式。在某个区域内，往往有几个较为固定的收派员收派快件，与中转场一个直接往来的班车进行传递作业。

为了平衡快递员的月薪收入，某快递员在某区域内的业务计件提成达到一定数额后，顺丰的该区域和点部会根据具体的情况改变该区域内的收派方式，增派快递员，多个快递员一起负责送货。

在某个区域，当快递员增多时，快递员为了增加自己的薪酬，在收派件时会想尽各种办法，深挖作业区域内的用户群，从而增加业务量。为此，快递员除了日常的收派件外，还肩负业务拓展的任务。

据了解，区域间快递员调节，通常是站点经理负责。当一个站点拥有6~8个收派区时，新入职的快递员就会被分配到快件量相对较少的区域,那些老快递员会逐步地被调到件量相对较大的商务区。

面对如此调动,在顺丰前高管Z看来,调换区域是点部经理的本职工作,通常权衡利弊,尤其是面临用一个低营收的快递员,接替一个高营收的快递员,是否值得就需要点部经理的判断。

究其原因,各个点部的主要考核指标任务就是营业收入。顺丰前高管Z先生说道:"用结构导向的方式去屏蔽掉一些可能恣意妄为的行为,在对目标负责的基础上,任何管理行为都是正确的。"

内部提拔管理层

在顺丰流传一个故事,那就是顺丰的一部分快递员当上了飞行员。这样的案例是真实存在的。

T在接受《中外管理》记者采访时说道:"在顺丰,管理层都是内部提拔的,就连飞行员都会从基层快递员中选拔。"

很多研究者由此推定，如此逆袭故事，或许只可能发生在顺丰。

究其原因，在顺丰所有岗位招聘中，都是内部优先招聘。即只要顺丰公司有岗位需求，该招聘信息会辐射上到高管，下到基层员工。

其后，在所有顺丰员工中，只要具备相应资历，都可以应聘任何一个岗位。顺丰凭借内部选拔，让一线员工从最基层的收派员一步步地成长成为副总裁。

与此同时，一线快递员通过内部选拔，成长为点部主管和分部经理的概率大增，占比达到90%以上，甚至成为总监的也能占到60%~70%。

虽然快递行业的流失率很高，但是在顺丰工作十几年的老快递员却较为常见。在顺丰，一个又一个的励志故事，激励着顺丰的快递员。

例如，一个连小学都没念完的顺丰快递员，通过认真工作和不断提升能力，通过内部选拔，最后升为总监级别的高管（在顺丰属于高管），与顺丰创始人王卫直接对话。

人生轨迹清晰

在顺丰,王卫热衷内部提拔,源于内部晋升的几个优势:

(1)内部选拔更为有效和可信。在骨干员工引进中,当我们研究和分析选拔的有效性和可信性后发现,从内部选拔更为客观,究其原因,内部员工曾经的工作能力考核、业绩评价资料更容易获得,直接从人力资源部调取即可。再加上企业管理者对内部员工的性格、工作动机以及发展潜能等方面都有所了解。因此,从内部选拔更为有效和可信。

(2)认同企业的价值观。在人才引进中,很难融入的就是企业文化。由于内部员工在本企业中工作过较长一段时间,认同企业的价值观,与企业的契合度更高,因此更有利于开展工作。

(3)了解企业及其运作模式。分析企业的运作模式发现,由于内部员工在本企业中就职,更了解企业及其运作方式,因此比从外部引进的新员工更快地进入角色。

(4)骨干员工为企业工作的动机更高。我们研究发现,内部选拔给员工提供了一个难得的晋升机会,这不仅强化了骨干员工为企业工作的动机，同时也提高了其对企业的忠诚度。尤其是高层管理人员的选拔，这种晋升往往会带动一批人的一系列晋升，从而能鼓舞员工士气。同时，这会在企业内部树立榜样。通过这样的相互影响，可以在企业中形成积极进取、追求成功的气氛。

（5）节约高昂费用。从企业成本的角度分析，通过"内部晋升"制度可以降低吸引人才加入的费用，如广告费、招聘人员和应聘人员的差旅费等，同时还可节约一些不必要的入职工作技能培训费用。

（6）更认可企业现有的薪酬体系。通过内部晋升，其工资待遇要求会更符合企业的现状，因为内部候选人更认可企业现有的薪酬体系。

由此，在王卫看来，虽然内部提拔的管理者文化水平不高，尤其是很多管理者是基层收派员出身，甚至第一份工作就在顺丰，可能面临专业知识薄弱、经验缺乏、视野不开阔等问题，但是顺丰能够根据具体情况给予员工管理线和专业线两条晋升通道。

在顺丰的管理线，其高管几乎都是从内部提拔的。专业线的职业经理人大多数是外聘，原因是，外聘的职业经理人是在快递领域拥有资深专业背景的从业人士。

王卫的意图很明显，招聘专业线的职业经理人，旨在辅佐管理线的顺丰老员工，不仅如此，专业线的职业经理人把其专业知识和经验传递给顺丰老员工，帮助顺丰老员工进步。

在管理线方面，北京地区一些点部的经理，领导一二百名员工。这些管理者都是通过内部提拔起来的，他们在顺丰拥有丰富的经验和广泛的职业社交网络。基于此，这些通过内部提拔的管理者管理员工时比空降兵更容易沟通。

顺丰正是因为通过内部选拔机制，向基层快递员不断地传递着只要辛苦地工作，就可以通过顺丰明确、公平的考核体系、晋升机制，成为顺丰的管理人员。不仅如此，顺丰同时也为快递员展示了一条极为清晰、明确的人生规划。在诸多快递员身边，其直接领导者就是一个个鲜活的案例。

作为底层的一名普通的快递员，或许没有其他更好的途径晋升。一旦从顺丰离职，未来的晋升存在诸多不确定性。

不可否认的事实是，顺丰能够取得今日的业绩，在较大程度上得益于员工的较高忠诚度。而该忠诚度的提升，来自于员工对顺丰企业文化的较高认可度。

在顺丰，除定期培训员工外，点部经理会定期进行调换，通常周期是几个月，即 A 站点的点部经理被调换到 B 站点，B 站点的点部经理被换到 C 站点，C 站点的点部经理被换到 D 站点，依此类推。

顺丰定期调换点部经理的好处是，基层员工的价值体系，已经不再是对某个基层管理者个人的认知，而是对企业整体价值观的认知。与"四通一达"相比，这种细致且严格的管理体系，正是建立在顺丰的直营模式之上的。①

一半高管都是从基层选拔

在顺丰的薪酬中，计件工资占比很大，一方面是保证一线员工的高收入，另一方面让高额收入支撑顺丰以快为核心的高服务质量。

据了解，顺丰收派员的基本工资其实并不是很高，但是通过计件工资，计入工作业绩提成中，保证了快递员每月可预期的工资收入，同时也保证了顺丰高服务质量。究其原因，顺丰收派员的报酬体系是建立在勤奋和客户认同

---

① 谢丹丹："在流动率 70% 的快递业，顺丰小哥为何如此拼命？"[J]，中外管理，2017（07）。

基础之上的。正因为如此，月薪上万的收派员在顺丰早已不是特例。

对此，原宅急送总裁陈平说："顺丰的收派员和企业是分配关系，不是劳务上下级关系。这就是王卫聪明的地方，当年收权，他没有全收。"

陈平的说法得到了一名曾在顺丰就职五年的司机的印证。据该司机介绍，通过晋升机制，他刚成为一名真正的顺丰管理人员。

当然，在薪酬这块，除了保证员工收入，顺丰还给其员工的家属各项补贴和福利。

提升员工忠诚度，更好地为客户服务

在中国快递行业中，顺丰的口碑较高，尤其是一线员工的快递员的薪资和待遇，始终被媒体和研究者关注，尽管这已是公开的秘密，但是却依然有较多的研究者前仆后继地研究顺丰的人力资源管理。

为此，针对外界好奇的目光，研究者也试图探究王卫的战略。王卫说道："这样我们的销售价格才有说服力，客户才会更放心地使用我们的产品,按照这样的良性循环,我坚信,利润肯定会回来的。"

在王卫看来,顺丰只有努力地提高员工,尤其是一线快递员的薪资待遇;只有不断地改善员工,尤其是一线快递员的作业环境,员工,尤其是一线快递员才会真诚地对待客户,为客户提供更好的服务。

这样的思维与华为创始人任正非有着惊人的相似。任正非说道:"华为之所以崇尚'以客户为中心'的核心价值观,就是因为客户在养活华为、在为华为提供发展前进的基础,其他任何第三方(包括政府)都不可能为华为提供资金用于生存和发展,所以,也只有服务好客户,让客户把兜里的钱心甘情愿拿给我们,华为才有可以发展下去的基础。"

虽然顺丰与华为在经营内容存在巨大差异,但是其业绩却同华为一样耀眼。2018年8月23日,顺丰控股发布2018年半年报,该财报显示,2018年上半年,顺丰控股实现营收425.03亿元,同比增长32.1%,完成全年业绩承诺的60%;归属上市公司股东净利润22.33亿元,同比增长18.59%;快件量18.58亿票,同比增长35.29%。

在王卫看来,多年投资"人才",才是顺丰取得成功的关键。例如，为了更好地引导客服人员的情绪，顺丰创建了发泄室。又如，为了降低员工的分拣压力，顺丰早在多年前就耗资上亿元购买国外自动化分拣设备。

在对待员工上，尤其是一线快递员，王卫一点儿都不含糊。王卫常常介绍说："快递员才是顺丰最可爱的人，我不要用'投递员'去称呼他们，而是用'孩子'。"

在王卫看来，员工就是企业的一切。2016年4月，一名快递员在派件过程中与一辆黑色小轿车发生轻微碰撞，其后，小轿车车主连抽快递员耳光，同时伴有侮辱性语言。

此次事件发生后，整个互联网都在转发顺丰快递员被打信息。王卫得知后发朋友圈表明自己的态度："我王卫向着所有的朋友声明！如果我这事不追究到底！我不再配做顺丰总裁！"

2016年，王卫在朋友圈一共发了两个主题，其中一条就是顺丰快递员被打事件。事后，多位顺丰员工在接受媒体采访时说："在顺丰的日子，虽然很累，但也很快乐。"员工的理由是，"有这样的老板，精神上重视你，物质上不亏待你，你能不好好干吗？"

当员工的忠诚度提升时，王卫也在通过顺丰这个平台让员工更有尊严地工作。为此，王卫每年专门安排一周时间去派送。其间，王卫骑着电瓶车边收边送，同时还了解巴枪、背包等物料使用和员工劳动强度，以及快递员的待遇情况。

王卫的理由是："我们很多管理层都说在研究市场，我经常跟他们说，不要研究这个，你应该研究的是如何帮助一线、二线员工做好收派工作，了解他们在自己的岗位上有什么需求和困难。他们都处在市场竞争的最前沿，对于市场最有发言权。如果你把一线、二线的问题都解决了，客户的问题也就迎刃而解，发展的问题也就解决了大半。这是要用心来经营的行业，绝对不是仅仅有钱就可以搞定的。"2017年2月24日，王卫把那位被打的快递员邀请到上市现场，与他一起敲钟。

第三章

天下货运，唯快不破

> 如果按照国际的标准看，这2000多公里并不是什么有挑战的事情，只是在国内好像是，从没有人用飞机直运的一些快件，我是用了。但是在国际上已经是很正常，用飞机运快件，同时用货运专机来运快件，我认为这个在国际上是很正常的事，所以我并不认为我做到什么样，很超前很牛的，我不认为是这样，我只是（做了）人家做到的。
>
> —— 顺丰创始人　王卫

快递不快，不叫快递

王卫曾经直言，在快递行业，要想赢得顾客的满意度，极致的服务尤为重要，其中就包括快。对此，王卫在接受中央电视台财经频道采访时坦言："我认为，取决于你是用国内的标准看，还是用国际的标准看。如果按照国际的标准看，这2 000多公里并不是什么有挑战的事情，只是在国内好像是，从没有人用飞机直运的一些快件，我是用了。但是在国际上已经是很正常，用飞机运快件，同时用货运专机来运快件，我认为这个在国际上是很正常的事，所以我并不认为我做到什么样，很超前很牛的。我不认为是这样，我只是（做了）人家做到的。在中国，按照国内，再按照我自己的一些理想追求去把这些东西实现而已。对我来讲，我认为，自己相对满意的服务才愿意拿出来给客户，有一些东西是我不断在追求体现我自己对快的一种理念，所以我自己不断在追求一些更科学的方式，或者更不同的交通模式来实现一种所谓的快。从我认知的快，跟我追求的快，跟我今天做到的快还有差距，可能大家认为，我快是因为其他人慢，但是我自己不认为顺丰有多快。"

在王卫看来，快递不快，那自然就不叫快递，而叫慢递。顾客的认可度就极低。

快递不快，不叫快递，而叫慢递

2002年，王卫完成了各个加盟网点的收权，顺丰由此进入直营模式。不仅如此，王卫为了更好地执行直营模式，在深圳设立总部。

顺丰完成阶段性变革后，王卫同时也在细分自己的市场，将顺丰的快递业务细分到高端快递。

2003年，"非典"事件爆发后，大家都闭门不出，大街上空空荡荡。对于危机来说，如果处理得当，危中有机。正如老子在《道德经》中所言："祸兮，福之所倚；福兮，祸之所伏。"

面对"非典"事件，企业家的果断处置必然赢得机会。例如，京东创始人刘强东，曾经在一次媒体采访中谈到，京东第一次遭遇巨大危机事件，就是2003年"非典"。

为了员工的安全，刘强东下令关闭京东所有的线下门店，其影响非常大。刘强东经营的中关村店在短短的一个月内，就亏损百万元。

在实体门店没有任何收入的境况下，京东不得不从零开始做电商，结果"无心插柳柳成荫"，今日京东的成功离不开当年的"非典"事件。

除了刘强东，顺丰创始人王卫也同样在此次危机中发现了巨大的商机，甚至让顺丰迎来更大的发展机遇。

据了解，在"非典"疫情期间，由于出差和旅客的锐减，航空公司的生意因此一落千丈。航空公司不得不通过调低售价等促销手段来拉升旅客出行的热情。

当航空公司下调运费时，王卫却看到了其中的商业机会。2003年年初，王卫顺势与扬子江快运签订协议，包下5架飞机。王卫由此创造了中国首个民营快递企业上天的纪录,为顺丰快递实现的"快"打下坚实的基础,奠定了顺丰在快递行业中的江湖地位。

为了保证顺丰的快,王卫不仅采用直营模式,同时还巨额投入,满足客户的需求。回顾王卫的创业历程,在创业初期,王卫只做小件的快递业务。

王卫认为,顺丰快递的业务选择在1千克内,收取不超过20元的快递费。王卫这样做的理由很清楚,尽可能地将竞争者区隔开来。由此,王卫给自己立了规矩——重货快递业务不做,但凡与四大国际快递重叠的高端快递业务不做,同城低端五六元的快递业务也不做,甚至拒绝了跨国企业摩托罗拉的海量订单。

"现在我们竞争的,绝对不是同行的快递公司"

面对中国竞争者的快速崛起,联邦快递把顺丰视为即将威胁自己的对手。于是,启动并购顺丰的战略。

2004年,联邦快递打算以50亿元的价格并购顺丰快递。当联邦快递的并购意向送达王卫手里时,王卫断然拒绝了。

当时，顺丰销售额仅为 13 亿元，足以说明联邦快递的战略眼光。在很长一段时间内，王卫拒绝资本，因此被视为"不见 PE、VC 的人"的企业家。

查阅王卫的融资记录发现，王卫不是不缺资金，而是他明白资本的"两面性"。为此，王卫为了 420 万元的贷款，曾将顺丰抵押给中国银行。

当然，王卫此举并不意味着保守，反而显示出其企业家的冒险特质。为此，有人这样评价王卫："王卫很勇，他有胆子不断扩张，赚 10 块再拿 8 块去开新商铺。"

从上述两方面的解读可以看出，面对漫漫长路，王卫有着自己的战略判断，既有审慎，同时更有梦想——做"中国的联邦快递"。

为了打造更快的顺丰，公司不仅投入科技手段，还把人工智能引入顺丰的工作流程中来。对此，当中央电视台财经频道在以"从这一点上看，我们怎么做就能够更好地提升顺丰的速度"提纲采访王卫时，王卫的回答务实而理性：

其实你说大数据，人工智能不是对物流行业，是对全世界所有行业都有颠覆性的变化。这个颠覆性的变化，是在于

王卫与顺丰

我们不能去预计五年以后，有些公司还在，有些公司已经不在，或者有一些公司会突然出来统治这个世界。

其实我一直在强调科技。现在我们真正所要面对的竞争，绝对不是同行的快递公司或者是物流公司。我认为，我们未来要面对的绝对是科技含量很高的公司，而在这个里面，你说互联网的速度，科技的速度，今天跟传统行业比，所有的传统行业都比不上这种互联网迭代的速度。

在王卫看来，在未来快递竞争中，提升快递速度的动力，不是与同行的竞争，而是像谷歌一样的高科技公司。王卫坦言："科技的核心是人才，顺丰拿什么吸引最顶尖的人才？"王卫的忧虑是有道理的，对于顶尖人才来讲，在一个优秀的科技公司和一个优秀公司的IT部中做出选择，答案肯定是前者。

对此，《南方日报》以"顺丰如何以科技创新和人才发展推动高质量发展，为用户提供更好的服务"为提纲采访了王卫。

王卫答道：

顺丰发展最大的挑战之一,是物流和科技两种文化的融合。未来跨行业的竞争中,面对的竞争对手是IT公司。科技的竞争重点是技术的竞争,核心是人才的竞争,你没有人才就不可能跟这些科技公司竞争。

什么样的顺丰能够建立起吸引人才的环境?这个问题很重要。你想象顶尖人才会去像谷歌、百度一样的IT公司,还是企业IT部呢?他们可能首先会考虑去前者。

传统的物流企业中,基本上只有一个IT部门,这样的结构,就决定了企业没有和科技公司竞争的可能性。因此,从管理布局上搭建科技环境非常重要,这是我们成立顺丰科技的初衷。

2015年,我们又做了另一个动作,将顺丰科技与集团合并,科技管理顺丰速运,科技成了速运的"老板"。

这个决策带来的最大改变是,集团有一套科技激励机制、管理机制和科技文化,我们请懂科技的人来管理企业。

坦白说,我有物流的基因,但一讲很多IT的东西就讲不通,我会追求科技创新,但我不会讲科技圈的语言。所以我们要做这个很大的变化,用科技引领集团。

通过科技对系统的优化,我们可以将过往的操作模式进行重构，从结构上降低成本。举个例子，通过人工智能下单系统对呼叫中心进行改革，2017年顺丰就节省了2万人的开支。①

在王卫看来，顺丰从管理架构入手搭建科技环境，目的就是让科技有效地提升顺丰的速度。

在科技投入上，王卫可是毫不吝啬。早在2009年年底，中国民航总局发布一条公告，虽然没有引起很多用户的关注，但是这个不起眼的公告却对外展示了一个新高度的快递行业入局者。究其原因，此公告意味着顺丰航空正式获准运营——顺丰申请建立航空公司并一次性购买两架属于自己的快运飞机。

王卫此举，使顺丰迎来了中国民营快递企业首次拥有自己快运飞机的时代。截至2011年，顺丰快递销售额已经达到150亿元，拥有15万名员工，年平均增长率50%、利润率30%。

经过20多年的发展，王卫布局的顺丰快递获得高速

---

① 戴晓晓，胡良光，鲁力：《对话王卫：顺丰科技是速运的"老板"》，[N]，南方日报，2018-05-27。

发展，离不开其三驾马车（直营模式、高端定位以及航空运输）。

顺丰标准作业服务

在王卫看来，快递不快，就不叫快递。为此，如何快就成为顺丰亟须解决的难题。

随着顺丰整体服务水平的提升，尤其是质的飞跃，此刻的王卫，目标不再局限为只做中国民营快递业巨头，而是将顺丰打造成为中国的"联邦快递"。

要想成为中国的"联邦快递"，不仅需要较好的服务质量，同时还需要一个硬要求——"快"。为了让顺丰"快"起来，王卫给顺丰的发展划定了一个较为明确的基调，在专攻中高端快递市场的过程中，以商务件为主，进行差异化切割。

时隔多年，王卫解释了当时的做法："我们研究电商的供应链特点、价格特点，对照我们现有的资源，研究怎么样做一个更好的匹配。对于电商，我们也在研究如何提高它们的产品附加值和客户满意度。"

在当时，由于快递行业普遍缺乏规范化的管理，王卫反其道行之。为了让顺丰更快，王卫制定了一系列的标准。

王卫说道："顺丰能够走到今天，有一处和其他快递公司不一样的地方，那就是差异化的竞争策略。我们所提供的快递服务和自身的市场定位，与其他快递公司是不太一样的……在快递行业，赢得口碑和市场满意度是相当重要的。"

研究专家刘志则和张吕清曾撰文称："顺丰的服务做到了标准作业，比如1小时内上门取件、全国联网36小时送达。顺丰对一线收派员服务进行严格管理，严格履行'限时送达'的服务承诺，重树了整个快递行业形象。"

在刘志则和张吕清看来，顺丰标准作业服务重树了快递行业形象，尤其是随着中国经济的整体升级和电子商务的持续繁荣，顺丰的业绩突飞猛进。

在王卫的指导下，顺丰标准作业服务举措开花结果，效果非常明显。数据显示，此刻的顺丰，已是国内首屈一指的快递巨头，牢牢地占据了中国快递市场18%的市场份额，而且占据的是利润丰厚的中高端快递市场。

数据显示，截至2006年，顺丰在国内就已经拥有了2个分拨中心、52个中转场，拥有2000多台干线中转车辆以及

1100多个营业网点，成为一家拥有通达国内外的庞大物流网络。顺丰不仅提供配送端的高质量物流服务，还延伸至价值链前端的产、供、销、配等环节，以客户需求出发，利用大数据分析和云计算技术，为客户提供仓储管理、销售预测、大数据分析、结算管理等一体化的综合物流服务。同时还是一家具有网络规模优势的智能物流运营商，一家具有"天网+地网+信息网"三网合一、可覆盖国内外的综合物流服务运营商。

2018年年初，中国国家邮政局就全程时限、运输时限、投递时限、72小时准时率等6个维度对国内10家快递服务品牌在2017年的表现进行排名，其中顺丰综合排名第一。

顺丰之所以能够取得如此好的业绩，离不开顺丰标准作业服务，尤其是顺丰的差异化。就是因为如此，顺丰快递在快递行业中脱颖而出。

构建直营物流

为了让快递更快,王卫通过重资产模式扩张,其中包括构建直营物流,因此引发媒体关于高资产负债率的质疑。

2018年1月,针对顺丰的高资产负债率问题,尤其是顺丰负债达到300亿元,资产负债率已经提高至46%时,媒体和研究者对此颇为关注。

究其原因,与韵达股份(33%)、申通快递(19%)和圆通速递(31%)等A股同行相对较高的负债率来说,因为很多人不了解顺丰的重资产模式,于是质疑顺丰高负债的声音就产生了。

对此,顺丰控股董事会秘书甘玲在接受媒体采访时解释称,直营模式的重资产与加盟模式的轻资产不同,其经营的财务数据也不可同日而语。

直营重资产模式必然提升高资产负债率

对于任何一个企业来讲，资产负债率都不是一个陌生的概念。所谓资产负债率是指企业在期末负债总额除以资产总额的百分比。

其计算公式如下：

资产负债率＝负债总额/资产总额 ×100%。

通俗地讲，企业资产负债率作为一个经营指标，反映的是债权人所提供的资本占全部资本的比例，也往往被称为举债经营比率。当资产负债率达到了100%或者超过100%时，这就说明，某企业已没有净资产或者资不抵债了。

在这里，需要搞清楚两个概念，第一，企业资产负债总额。所谓企业资产负债总额，是指企业承担的各项负债的总和，包括流动负债和长期负债。

第二，企业资产总额。所谓企业资产总额，是指企业拥有的各项资产的总和，包括流动资产和长期资产。

从企业资产负债率的定义中不难看出，当资产负债率低于100%时，就意味着企业相对安全。由于顺丰采用的是重资产自营模式，无疑会拉升其高资产负债率。

面对媒体的质疑，顺丰控股董事会秘书甘玲解释道："作为国内唯一上市的直营快递物流企业，顺丰2018年三季度末的资产规模高达660亿元，目前的负债率和全球著名的直营快递企业相比，仍属较低水平，德国邮政DHL、联邦快递、UPS全球前三大快递公司资产负债率在70%左右。"

据甘玲介绍，顺丰致力于长远发展，持续提升自己的竞争力，为股东创造价值，无疑需要不惧未来。

数据显示，2017年年底，顺丰资产负债率为43%，而2019年1月的资产负债率为46%，相比上升三个百分点，但是顺丰的财务状况依然很健康。

与此同时，顺丰公告称，为满足公司境内外业务发展需求，降低融资成本，优化债务结构，公司董事会会议审议通过议案，同意公司通过下属全资子公司深圳顺丰泰森控股（集团）有限公司及SF Holding Investment Limited在境内外发行不超过等值人民币160亿元（含160亿元）债务融资产品，具体发行以相应监管机构备案、核准、注册结果以及市场情况为准。①

---

① 骆民：《顺丰控股子公司拟在境内外发行不超等值人民币160亿元债务融资产品》，[N]，上海证券报，2019-01-03。

着重长远规划

众所周知，重资产模式就意味着负债相对较高，但是在可控的范围内。为此，甘玲说道："从目前来看，顺丰控股资金流动性非常健康。"

据《证券时报》报道，截至 2018 年 9 月 30 日，顺丰持有的货币资金高达 105 亿元。在 2017 年全年，顺丰的经营活动现金流超过 1200 亿元、经营活动现金流净额达到 61 亿元，利息覆盖率达到 18.1 倍，目前有超过 600 亿元银行授信额度尚未使用。[①]

从《证券时报》报道的数据可以看出，顺丰获取资金的能力依然较强，不仅如此，由于顺丰的财务表现不俗，标普把顺丰 2018 年评为 A⁻、穆迪把顺丰 2018 年评为 A3、惠誉把顺丰 2018 年评为 A⁻。

在接受《证券时报》采访时，甘玲介绍道："公司着重长远的战略规划，积极布局未来，不断加强企业的竞争力，财

---

① 王小伟：《顺丰控股释疑"300 亿负债"：与直营物流模式有关 低于国际对标巨头》，[N]，证券时报，2019-01-18。

务数据的变化是公司短期战略调整所需，从长期来看，公司的财务状况会更为积极、健康，公司也会给各类股东以更好的回报。"

之前一些股东，例如嘉强顺风等减持顺丰股份，在甘玲看来，顺丰虽然负债率较高，但是其资金较为充裕，财务也很稳健。甘玲说道："公司上市之前引入的股东均较为关注长期投资价值，过去五年来，这些股东为公司引入不少优质业务，引荐核心人才。他们也高度认可顺丰的长远战略规划。顺丰的愿景是通过加强科技和供应链行业解决方案能力，成为一家科技驱动的综合物流服务企业。2018年通过一系列的投资项目，公司整合了不少境内外物流行业一流的科技和供应链公司，在短短一年间获取了需要多年才能建立的行业解决方案能力，为公司成为科技驱动的行业解决方案服务公司迈进一大步。"

正是顺丰制订了较为完整的中长期规划，其做法得到一些长线基金的认可。甘玲介绍道："根据公开信息，许多知名投资基金也已经开始悄悄布局顺丰，除了国内著名私募股权基金，更有来自欧美、东南亚、中东等地的主权基金或者顶级投资机构。"

投资机场枢纽

在王卫看来,"快"是顺丰火箭发展速度的关键之一。为了高效支撑"快",顺丰因此拥有自己的快运飞机。据了解,目前顺丰航空全货机拥有39架。

航空货运业务,是顺丰的优势之一。不仅如此,顺丰机场也将有序开建。2019年1月,中国国家发改委发布关于新建湖北鄂州民用机场工程可行性研究报告的批复,其内容如下[①]。

国家发展改革委关于新建湖北鄂州
民用机场工程可行性研究报告的批复
发改基础〔2019〕53号

湖北省发展改革委:

你委《关于审批新建鄂州民用机场工程可行性研究报告

[①] 国家发改委发布关于新建湖北鄂州民用机场工程可行性研究报告的批复[EB/OL],2018,http://www.ndrc.gov.cn/gzdt/201901/t20190116_925677.html。

的请示》（鄂发改交通〔2018〕428号）及有关材料均悉。经研究，现批复如下。

一、为贯彻推动长江经济带发展等国家战略，促进区域经济社会协调发展，完善区域综合交通运输体系，适应航空货运发展需求，提升应急救援保障能力，同意新建鄂州民用机场。

二、主要建设内容及规模

本期工程飞行区跑道和滑行道系统按满足2030年旅客吞吐量150万人次、货邮吞吐量330万吨的目标设计，航站区、转运中心等设施按满足2025年旅客吞吐量100万人次、货邮吞吐量245万吨的目标设计，飞行区等级指标4E。主要建设内容包括：

（一）机场工程：建设东、西2条远距平行跑道及滑行道系统，跑道长3600米、宽45米，跑道间距1900米，主降方向均设置Ⅱ类精密进近系统，次降方向均设置Ⅰ类精密进近系统，建设1.5万平方米的航站楼、2.4万平方米的货运用房、124个机位的站坪，配套建设空管、消防救援、供电、供水等设施。

（二）转运中心及顺丰航空公司基地工程：转运中心工

程，建设67.8万平方米的分拣中心以及分拣转运系统设备等，建设4.1万平方米的海关、安检、顺丰公司办公业务用房及配套设施设备用房。顺丰航空公司基地工程，建设15.5万平方米的机务维修设施，3.1万平方米的地面及勤务设施，19.8万平方米的综合保障用房等。

（三）供油工程：建设4万立方米的机场油库，1个5000吨级的码头泊位，以及航空加油站、输油管线等。

三、项目总投资及资金来源

项目总投资为320.63亿元，由机场工程、转运中心及顺丰航空公司基地工程、供油工程三部分组成，各部分出资如下：

（一）机场工程投资158.57亿元。项目资本金占总投资的50%，约79.29亿元，其中：我委安排中央预算内投资8.2亿元，民航局安排民航发展基金16.4亿元。其余资本金54.69亿元由湖北省人民政府、深圳市农银空港投资有限公司、深圳顺丰泰森控股（集团）有限公司按49∶5∶46的比例出资，分别为26.8亿元、2.73亿元和25.16亿元。湖北省人民政府安排财政资金，深圳市农银空港投资有限公司安排自有资金，深圳顺丰泰森控股（集团）有限公司安排自有资金承担。资本金以外的资金由三方成立的机场合资公司湖北国际物流机场有限公司申请银行贷款解决。

（二）转运中心工程投资115.29亿元，顺丰航空公司基地工程投资37.52亿元，共计152.81亿元，均由深圳顺丰泰森控股（集团）有限公司负责筹措。

（三）供油工程投资9.25亿元，由中国航空油料有限责任公司负责筹措。

四、湖北国际物流机场有限公司作为机场工程项目法人，深圳顺丰泰森控股（集团）有限公司作为转运中心及顺丰航空公司基地工程项目法人，中国航空油料有限责任公司作为供油工程项目法人，负责各自项目的组织实施与管理。

五、本项目勘察、设计、施工、监理和重要设备材料采购等均采用公开招标，招标组织形式除转运中心及顺丰航空公司基地工程为自行招标以外，其他工程均为委托招标。

六、在后续阶段，重点做好以下工作：

（一）会同军民航相关单位，深入研究、优化地区空域结构，加快推进军民航武汉管制区和航路网调整工作，优化本场进离场程序。

（二）积极开展环境影响评价的报批工作，结合本机场运行特点，统筹研究飞机运行模式与噪声影响控制等工作。

（三）进一步优化机场总平面布置，严格控制项目用地规模，并按照国家和地方相关文件，落实耕地占补平衡方案及林地恢复措施，切实做好移民安置工作。

（四）根据机场周边综合交通规划，进一步优化机场地面交通集疏运建设方案；抓紧落实场外配套工程的建设方案和资金来源，确保与机场工程同步建成投入使用。

（五）将机场总体规划纳入城市总体规划和土地利用总体规划，切实严格控制机场周边用地的规划与建设，做好机场净空条件与电磁环境的保护，确保机场的安全运行。

国家发展改革委

2019年1月11日

此批复意味着顺丰已经致力于提升"快"战略。甘玲曾分析称，专业物流枢纽是顺丰提升国际物流优势的关键点，对于顺丰意义重大。

究其原因，作为全球第四个、亚洲第一个专业货运机场的湖北鄂州民用机场，对于顺丰来说，其战略意义非同小可。

第一，战略位置重要。据了解，鄂州位于湖北省东部、长江中游南岸，是湖北省省辖市，武汉城市圈和长江中游城市群重要成员，鄂东水陆交通枢纽之一。

正因为如此，王卫看中了该机场非常重要的战略位置，两小时航程可送达中国90%的地区，满足中高端客户精准时效的物流服务需求。

另外，鄂州拥有便利的交通条件，尤其拥有公路、铁路、水路、航空的优势，打造空铁陆水多式联运的核心优势，顺丰的布局就是为率先抢占多式联运蓝海市场打下基础。

第二，网络覆盖能力增强。顺丰通过鄂州枢纽机场，将提升顺丰覆盖广、成本低、效率高的轮辐式航空网络，有效地发挥快、稳、广的功能优势，甚至未来在中国可实现超过250个国内城市互寄次日可达的网络覆盖能力。

第三，降低单件运输成本。轴辐射式的枢纽可大幅减少对开的航线需求，降低航空运输成本。另外，其中转功能可助推极强的集货效应，允许公司采用更大型的宽体飞机（757/767波音飞机等）运输货物，降低单件运输成本。

第四，既推动鄂州当地经济发展，也为顺丰业务未来发展提供稳定的物流需求。在投资该项目中，顺丰积极打造鄂州机场和口岸，尤其是以航空与物流作为契合点，与鄂州政府一起聚焦发展医疗、汽车/电子零配件、生鲜等高端产业和仓储中心，不仅促进鄂州当地的经济发展，同时为顺丰业务未来发展提供稳定的物流需求。[①]

第五，提供综合物流解决方案。当机场项目完成后，顺丰增加快速集散、仓储、供应链服务、综合保税、进出口、多式联运等一系列服务项目。此刻的顺丰，不再是单一的快递企业，而是一个能够为客户提供全方位、多样化的综合物流解决方案的全渠道的整合者。与此同时，也保证了顺丰的时效、经济、重货、冷运等板块的业务的正常开展。

---

① 王小伟：《顺丰控股释疑"300亿负债"：与直营物流模式有关 低于国际对标巨头》，[N]，证券时报，2019-01-18。

第四章

夯实 B2B, 敢于创新

> 顺丰长久以来一直积极拓展企业服务领域的能力，向着成为客户心目中最佳的一体化综合物流解决方案服务商方向迈进。与 DPDHL 集团的合作将增强顺丰在各个行业领域供应链服务的实力，同时，使我们得以将领先的管理经验注入供应链业务运营中，成为更懂客户的供应链解决方案服务商。
>
> —— 顺丰创始人 王卫

B 端话语权

2018年10月26日晚间,顺丰控股披露了一则重磅公告。据该公告显示,为了进一步提升综合物流解决方案能力、完善供应链及合同物流领域的战略布局,2018年10月26日,顺丰控股股份有限公司(以下简称"顺丰控股"或"公司""上市公司")与 Deutsche Post DHL Group(以下简称"DPDHL"或"德国邮政敦豪集团")达成战略合作,顺丰控股将整合 DPDHL 在中国内地、香港和澳门地区的供应链业务。

这意味着此交易并不牵涉 DPDHL 集团在中华区的其他业务,诸如国际快递、货运及电子商务物流解决方案等。

根据此项调整，尤其是顺丰与DPDHL达成战略合作，主要是通过并购的方式整合DPDHL在中国内地、香港及澳门地区的供应链管理业务、管理团队和相关科技技术，旨在提升自身的"B2B"竞争力。

夯实B2B

在王卫看来，只有给客户提供极致的服务，才是提升竞争力的关键所在，这也是顺丰成为隐形冠军的撒手锏。正是因为顺丰给客户提供极致的服务，所以才赢得众多客户的认可，不仅如此，顺丰还赢得国家邮政局的"官方认可"。

2018年年初，国家邮政局就全程时限、寄出地处理时限、运输时限、寄达地处理时限、投递时限、72小时准时率6个维度对中国境内2016年国内快递业务总量排名靠前且服务水平较好的10家全网型快递服务品牌——邮政EMS、顺丰速运、圆通速递、中通快递、申通快递、韵达快递、百世快递、天天快递、宅急送快运和快捷快递在2017年的表现进行排名，快递企业总体满意度排名和得分依次为：顺丰速运（83.4分）、邮政EMS（79.9分）、中通快递（76.8

分）、韵达快递（76.5分）、圆通速递（75.0分）、申通快递（74.1分）、百世快递（74.0分）、宅急送快运（71.9分）、天天快递（70.9分）和快捷快递（67.3分）。其中顺丰综合排名第一。

另外，国家邮政局发布的"邮政局关于2017年快递服务满意度调查结果的通告"还显示：

在受理环节，普通电话受理、统一客服受理、网络下单满意度得分分别为86.7分、82.8分、83.9分，与2016年相比均有改善。各快递企业在普通电话受理服务方面差异较小，服务均达到较高水平；各快递企业在统一客服受理方面差异较大；网络受理作为一种新型受理方式得到用户认可，但仍有进一步提升空间。在受理环节表现较好的企业有：顺丰速运、中通快递和韵达快递。

…………

在投递环节，签收信息反馈满意度得分为79.6分，较2016年上升2.4分，进步明显；时限感知、送达质量、送达范围感知以及派件员服务满意度得分分别为78.2分、83.3分、79.0分、83.1分。投递环节表现较好的企业有：顺丰速运、中通快递和邮政 EMS。

在售后环节，查询服务表现最好，满意度得分为 86.5 分，相较 2016 年上升 0.4 分；投诉服务满意度得分较低，为 50.3 分，较 2016 年下降 1.1 分。售后环节表现较好的企业有：顺丰速运、韵达快递和中通快递。

这份通告足以说明，顺丰的快递时效异常突出，其表现非常强劲，客户对此十分满意。因此，顺丰在 2017 年交出了一份不错的财报。

根据"2017 年顺丰控股股份有限公司年度报告"显示，2017 年度，顺丰控股实现营业收入 710.94 亿元，增幅 23.68%；归属上市公司净利润 47.71 亿元，同比增长 14.12%。

此次年报还披露了新业务的收入占比。年报显示，重货、冷运、同城配送、国际等新业务占收入比从 2016 年的 9.9% 上升至 2017 年的 13.5%。

通过研读财报顺丰公司发现，虽然新业务收入的提升异常明显，但是其潜力依然可挖，尤其是在 B2B 这块。

为了更好地拓展 B2B 业务，顺丰激进的做法就在情理之中。这也是顺丰耗资 55 亿元人民币并购 DPDHL 在华供应链业务的一个关键原因。

根据顺丰公开的文件显示，上市公司的全资子公司顺丰控股有限公司（SF Holding Limited，以下简称"顺丰香港"）与 DPDHL 下属子公司 Deutsche Post Beteiligungen Holding Gmbh（以下简称"德邮控股"）、Ocean Overseas Holdings Limited（以下简称"海洋控股"）以及 DHL Global Forwarding (Hongkong) Ltd.［敦豪全球货运物流（香港）有限公司，以下简称"敦豪货运"］于 2018 年 10 月 26 日签署了《股份出售与购买总协议》，各方一致同意顺丰香港以现金方式收购德邮控股与海洋控股所持有的 DHL Supply Chain (Hongkong) Limited［敦豪供应链（香港）有限公司，以下简称"敦豪香港"］的 100% 股权和敦豪货运持有的敦豪物流（北京）有限公司（以下简称"敦豪北京"）的 100% 股权（"本次交易"）［敦豪供应链（香港）有限公司、敦豪物流（北京）有限公司及其下属公司合称"标的公司"］，敦豪北京和敦豪香港为 DPDHL 在中国内地、香港和澳门地区的供应链业务板块经营主体。本次交易总对价为人民币 55 亿元。交易完成后，顺丰香港或其指定的全资子公司（以下简称"顺丰香港子公司"）将成为敦豪香港和敦豪北京的唯一股东。

当此次交易完成后，意味着顺丰向 B2B 的一次探索和尝试。对于供应链和 B2B 业务，美团创始人王兴坦言："最近一段时间里，我的判断是下一波中国互联网如果想回暖的话，一个非常重要的方向是由供应链和 B2B 行业的创新来驱动的，所以这是供给侧。回到我说他们过去存在的问题以及可能有的解决方案，如果要做改革的话，有哪些变化可能实现他们的创新，实现效率成本改变？"

在 B2B 的拓展中，王卫同样有着自己的盘算，与业务量份额相比，顺丰不仅注重其营业收入的总体质量，同时更注重为中高端客户提供极致的服务。

在未来的战略调整中，顺丰致力于提供综合物流服务，在拓展 4000 亿传统快件配送市场的同时，更是 12 万亿大物流的蓝海市场。尤其是在如今的"互联网+"时代，顺丰在持续深耕这两个蓝海市场时，通过大数据分析和云计算技术在了解客户需求、解决客户痛点、成就客户发展的同时，精准地为客户提供仓储管理、销售预测、大数据分析、物流配送、金融管理等一揽子解决方案。

当顺丰收购 B2B 见长的 DPDHL 供应链业务后，更是如虎添翼。在升级自身产业链的过程中，加速自己的战略转型，一方面凸显王卫的未雨绸缪的商业逻辑，另一方面也说明 B2B 业务在顺丰中的战略意义。

为客户打造一站式的综合物流解决方案

在丛林法则中，只有强强合作，才能起到"马太效应"。回顾王卫的合作，不管是 UPS 快递（United Parcel Service）、美国夏晖集团（HAVI Group），还是 DPDHL，王卫更倾向于与行业强者合作。

在此次并购 DPDHL 的业务中，研究者对此异常看好。

之所以能够赢得研究者的高度认可，是因为王卫在 B2B 的布局，尤其是 B2B 为顺丰未来提供源源不断的现金流。对此，王卫宣称，顺丰做 B2B 业务尽管没有充足的经验，但是不能错过其机会，甚至是必须现在去做，原因是一些大型集团客户需求发生了很大的变化。

为了更好地打通整个供应链，顺丰甚至还希望把自己所有的物流服务都外包给一家物流公司。基于此，此次并购，源于顺丰的底层逻辑——为客户打造一站式的综合物流解决方案。

王卫对外坦言："国际四大快递巨头今天的组织架构和商业模式，就可以作为顺丰未来中长期发展的参考，国内目前那种分散招商，大宗物流给一个供应商，快递给一个供应商，仓储、电商配送等又给一个供应商的操作模式，在不久的将来就可能会有所调整，因此，现在就必须投入资源去做好。"

在王卫看来，DPDHL之所以能够做成全球最大的国际快递和供应链公司，一定有很多制度和技术需要借鉴和学习，尤其是DPDHL的供应业务更是如此。

在DPDHL的中国官网显示，其核心业务有三个：快递业务（DPDHL Express）、全球货运（DPDHL Global Forwarding）和供应链（DPDHL Supply Chain）。

凭借三大核心业务服务，DPDIIL的业务覆盖全球100多个国家和地区。在供应链业务中，DPDHL作为全球最大的合同物流服务商，向全球50多个国家和地区的大企业客户提供全价值链的定制外包物流解决方案。

根据DPDHL中国官网显示，当笔者点击"解决方案和专业知识"后显示：

我们提供广泛的解决方案和定制化服务以满足您的特定业务需求。我们的目标是优化和改善您的供应链，帮助您获得竞争优势。

使用我们如下提供的解决方案查找器，为您的业务找到合适的解决方案。

王卫正因为看到 DPDHL 供应链业务的优势，尤其是中国区是 DPDHL 的成熟业务之一，其销售业绩较为稳定。数据显示，DPDHL 供应链业务在 2017 年全年收入达 35 亿元人民币。

正因为如此，王卫的战略目标十分明晰——全球标准的一体化综合物流解决方案服务商。根据"2017 年顺丰控股股份有限公司年度报告"显示：

顺丰控股是国内领先的快递物流综合服务商，经过多年发展，已初步建立为客户提供一体化综合物流解决方案的能力，不仅提供配送端的高质量物流服务，还延伸至价值链前端的产、供、销、配等环节，以客户需求出发，利用大数据分析和云计算技术，为客户提供仓储管理、销售预测、大数据分析、金融管理等一揽子解决方案。公司的物流产品主要包含：时效快递、经济快递、同城配送、仓储服务、国际快递等多种快递服务，物流普运、重货快运等重货运输服务，以及为食品和医药领域的客户提供冷链运输服务。此外，顺丰控股还提供保价、代收货款等增值服务，以满足客户个性化需求。

基于不同行业、客群、场景的需求多样化，顺丰及时升级到"以用户为中心，以需求为导向"的产品设计思维，聚焦行业特性，深挖不同场景端到端全流程客户需求，设计适合行业细分客群的有质量的差异化产品和服务，再由产品设计牵引内部资源配置，优化产品体系。

为此，王卫结合客户的需求，为客户提供多品类、全方位的物流服务。

从"2017年顺丰控股股份有限公司年度报告"可以看到，王卫在该领域已经布局。对此，媒体报道称，顺丰在提供配送端的高质量物流服务的同时，将服务延伸至价值链前端的产、供、销、配等环节。而这些基于顺丰在物流、科技、商业、金融等方面的资源能力，都是为了一个目的：为有需求的客户提供端到端的综合物流解决方案。

这才是王卫并购的战略逻辑。在王卫看来，并购必须是1+1>2的资本逻辑。这样的理由是，2017年5月，UPS宣布，UPS与顺丰在香港特别行政区创建合资企业；2018年8月，顺丰与美国夏晖成立合资公司——"新夏晖"；2018年10月，顺丰收购DPDHL在华供应链业务。不管是创建合资企业，还是收购，顺丰的目的是围绕产业发展重心，选择与各个专业领域的领先者强势合作，最终实现品牌的优势结合，有效地实现市场和技术互补，同时还通过投资的方式获得稀缺性战略资源。

对于顺丰的"重资产模式"来说，与DPDHL的轻资产运营模式不同的是，顺丰可以借鉴DPDHL完善的现代企业管理、技术等。对于DPDHL来说，也可以通过借助顺丰储备的土地、仓储设施、交通运输设备等基础性资源，有效地降低DPDHL的诸多成本。

对此，DPDHL集团全球首席执行官弗兰克·阿佩尔（Frank Appel）坦言："DPDHL集团和顺丰强强联合，这将打造一个独一无二的平台，满足中国市场对优质端到供应链服务的需求。顺丰在中国市场拥有丰富的经验，可以为我们各行各业诸如科技、医疗保健、零售、汽车及电子商务等领域的客户创造优势。配合我们的卓越全球运营标准和广大网络支持，将令我们的供应链业务如虎添翼，同时夯实一个坚实的基础，使得我们今后在中国市场可以继续大步发展，寻觅更多的机遇。"

敢于创新

收入质量和业务量份额相比，王卫更注重前者，尤其是更注重为中高端客户提供优质的服务。

对此，王卫曾倡导一系列的变革。2014年，为了更好地提供优质的服务，顺丰大刀阔斧地进行了一系列变革，提出"嘿客"经营模式，同时还收购了全国各地优质的落地配企业……

在风起云涌的变革中，王卫时刻保持理性，面对变革后的顺丰，王卫反思失败的原因并积极寻求解决办法。

2014年是顺丰成立20多年以来创新变革最多的一年，成立了很多事业部，开创了很多新业务，同时业务总量也有了一个爆发式的增长。不过，虽然创新很多，但是在我看来，差不多有一半是不成功的。不成功的原因主要是我们的前期准备、规划不够充分，表现在：

一是人才准备不足。我们进入一个全新的领域，必须对这个领域方方面面的人才做好准备，而在这方面我们是有所欠缺的。

二是承接落地出现偏差。我们都是统一用大网来承接新业务落地，这样就出现一个两难的尴尬局面——一方面，新业务对于原来的人员来说，难度太大，需要改变的太多；另一方面，花大力气推广新业务，又会影响到传统业务的服务质量。

在王卫看来，当下的企业竞争，其重点是提升运营效率以及新业务的卡位布局。要想取得新业务卡位布局的胜利，就必须更加注重"运营、资本和创新"三驾马车。为了让这三驾马车跑得更快，通过并购和合资的方式来加速顺丰的自我创新和转型。

对于与 DPDHL 集团合作，王卫介绍道："顺丰长久以来一直积极拓展企业服务领域的能力，向着成为客户心目中最佳的一体化综合物流解决方案服务商方向迈进。与 DPDHL 集团的合作将能增强顺丰在各个行业领域供应链服务的实力，同时，使我们得以将领先的管理经验注入供应链业务运营中，成为更懂客户的供应链解决方案服务商。……通过与 DPDHL 集团这家全球领先的公司合作，这个协议将会帮助我们达成全球发展的愿景。"

之前不合理的地方，重新再打造新的链条

在公司的内部发言中，王卫曾多次强调，具有"冒险精神""敢于创新""敢于承担"的工作态度，是一个合格员工的硬素质，同时这才是顺丰文化和顺丰精神所推崇的。

在王卫看来，"冒险精神"和"敢于创新"是不能分开的。在顺丰的创新当中，王卫不惜重金投入，依靠科技的力量推动顺丰的创新，从而完成顺丰速度的提升。对此，王卫在接受中央电视台财经频道采访时说道：

其实我不断在强调科技的投入。我认为都是靠科技把所有的资源重新集成数据去计算,然后系统去管理,同时利用人工智能在后台去调控,全部集合起来才行。因为未来人工智能跟大数据会把各行各业全部塑造,重新打造新的链条。而这种新的链条里面对一部分企业是机会,但是对另一部分企业来讲是一个很大的风险,可能会被淘汰掉。所以我们是这样看的,看未来的科技所带来的行业的变化。

可能你抓得住是东风,抓不住是台风。所以在这个里面怎么跟互联网、怎么跟高科技联动这是东风,联动不上就是台风,我还是强调这一点。

所以这个里面对我们的定义来讲,我们要更快的思维不是说我们所谓的这种速度,反映在时效当中速度要怎么快。我认为我们响应客户的需求的速度是怎么快,这是第一。第二个我们要跟上科技发展的速度,我觉得这个速度是第二个重要。

如果没有这两个速度,那个所谓的速度价值不大,你理解我这个,因为后面这两个速度做到了,那个速度本就不是问题,或者我们所讲的那个速度比我们想象中还要快,更容易去实现,或者更能够符合我们客户的需要而去实现它所谓的，我要快要慢，要什么都可以。

王卫清楚，在提升顺丰速度的问题上，不能过于激进，即不能大规模地颠覆性创新，而是要根据顺丰的实际情况进行持续的创新。

大量的事实证明，对于巨型企业来说，不太可能大规模地颠覆性创新，这样的可能性非常小。通常都会采取持续地创新。

基于此，像顺丰这样的巨型企业，要想基业长青和永续经营，只能小规模地颠覆性创新，这或许能够成为支撑企业长盛不衰的一个路径。

与巨型公司相反的是，在创新过程中，初创企业往往较为激进。为了打破巨型企业的封锁，一般采用颠覆性创新，使得初创企业脱颖而出。

所谓颠覆性创新，其理论是由Innosight公司创始人、哈佛大学商学院商业管理教授克莱顿·克里斯坦森（Clayton Christensen）在哈佛大学所做的研究工作而总结提出。

在克莱顿·克里斯坦森看来，颠覆性创新理论旨在描述新技术（革命性变革）对企业生存与发展的影响。

1997年，在《创新者的困境：当新技术使大公司破产》（*The Innovator's Dilemma: When New Technologies Cause Great Firms to Fail*）一书中，克莱顿·克里斯坦森首次提出了"颠覆性技术"（Disruptive Technologies）这个词语。

在书中，克莱顿·克里斯坦森写道："反复的事实让我们看到，那些由于新的消费供给范式的出现而'亡'的企业，本应该对颠覆性技术有所预见，但却无动于衷，直至为时已晚。"

克莱顿·克里斯坦森的理由是："只专注于他们认为该做的事情，如服务于最有利可图的顾客，聚焦边际利润最诱人的产品项目，那些大公司的领导者一直在走一条持续创新的道路，而恰是这一经营路线，为颠覆性新技术埋葬他们敞开了大门。这一悲剧之所以发生，是因为现有公司资源配置流程的设计总是以可持续创新、实现利润最大化为导向的，这一设计思想最为关注的是现有顾客以及被证明了的市场面。然而，一旦颠覆性创新出现（它是市场上现有产品更为便宜、更为方便的替代品，它直接锁定低端消费者或者产生全然一新的消费群体），现有企业便立即瘫痪"。①

为此,克莱顿·克里斯坦森告诫企业经营者:"他们采取的应对措施往往是转向高端市场,而不是积极防御这些新技术、固守低端市场,然而,颠覆性创新不断发展进步,一步步蚕食传统企业的市场份额,最终取代传统产品的统治地位。"

基于此,对于任何一个企业来说,在寻求新的增长业务时,通常会通过两种选择创新来达到:第一,通过持续创新(Sustaining Innovation),从市场领导者手中抢夺现有市场;第二,通过破坏性创新(Disruptive Innovation)——颠覆性创新或者开辟新的市场,或者扎根于那些现有产品的最差顾客群。

创新容错机制

在"互联网+"时代,王卫忧虑的是,作为传统的快递企业,必须保持高强度的创新,特别是防范颠覆式创新对传

---

① 【美】克莱顿·克里斯坦森,胡建桥译:《创新者的窘境》[M],北京:中信出版社,2010。

统快递行业的冲击。其原因往往有如下两个：

第一，在技术创新引领的趋势下，不管企业经营者愿不愿意相信，其竞争者肯定会越来越关注技术创新，其结果是，竞争者关注创新使得其竞争优势增强。对于那些不投入，或者低投入创新的企业来说，无疑是不利的。

第二，随着颠覆式新技术的创新，使得行业进入的门槛变低。一些跨行业的小企业可能凭借自身的颠覆性技术涉足，从某一细分市场着手，迅速成为某个区域的隐形冠军，进而威胁到整个行业的生存。

基于此，要想保持顺丰的竞争力，就必须洞察未来技术创新的发展方向。在王卫看来，保证顺丰创新最有效的就是满足客户需求，以及建立一套与之相对应的管理体系。

多名接受媒体采访的顺丰管理层介绍，在顺丰内部，不管是组织架构，还是业务板块，变化都很快。他们坦言："主要是有比较好的容错机制，Dick（王卫的英文名）对新业务的创新还是鼓励的，这两年在公司内部谈转型的次数也比以往多了不少。"

顺丰的创新是试图打破自身的业务瓶颈。2012年6月，寄予厚望的"顺丰优选"上马。此举标志着王卫开始涉足电商领域，尤其是发力中高端食品，得到媒体和研究者的广泛关注。

2013年，在王卫的督导下，顺丰又涉足布局全国各地的社区店——"嘿客"。据了解，在顺丰内部，几年前就陆续设立了电子商务、供应链等事业部，并推出快递物流、电商物流、汽配物流、食品医药服务、金融保险服务、国际电商服务等综合服务，希望为客户打造一站式的综合物流解决方案。①

王卫的这些创新尝试，并不是全部得到了相应的业绩回报，有的业务板块甚至还交了不少学费。例如，为了解决物流终端最后100米收寄的"痛点"难题并由此创建的"嘿客"，试图解决O2O问题，结果不尽如人意，不得不更名为"顺丰优选"，与线上的电子商务业务板块合并，纳入顺丰商业事业群。

此举意味着从2013年开始布局全国的"嘿客"，经过两年的发展，不得不在2015年更名为"顺丰家"，其后，"顺丰家"也不得不再次在2016年9月更名，也说明王卫在新板

---

① 陈姗姗：《民营快递转型　顺丰每年砸数亿做科研》，[N]，第一财经日报，2017-10-30。

块业务探索过程遭遇的不为人知的艰难。

在《"顺丰速运"转型"顺丰服务"的创新与变革》一文中，王卫写道：

1993年，我在广东顺德创立顺丰速运公司，那时我才22岁。记得当时的工作很辛苦，每天都要背着装满合同、信函、样品和报关资料的大包往返于顺德到香港的陆路通道。那时的我根本就没有想到，顺丰会发展到如今的规模，年销售额已经突破了200亿元，估值320亿元，成为可以与中国邮政EMS抗衡的民营企业。

尽管公司取得飞速的发展，但只要三个月没有创新和变革，我就会有危机四伏的感觉。很多人说，一家快递公司，需要那么多的创新吗？

我曾多次在公司的内部发言中强调，具有冒险精神、敢于创新、敢于承担，这才是顺丰文化和顺丰精神所推崇的。从1993年成立到现在已经21年了，顺丰年年都有变化，唯一不变的就是改变。比如，我们敢于打破加盟制的模式，力推直营；再比如，我们从2009年就开始筹建自有货运航空公司，并在2009年成为首家用自己的飞机运包裹的快递公司。

2013年，不管是对于我个人还是顺丰公司来说，都经历了非常大的变化。在这短短一年的时间内，我们做了好几件过去20年顺丰从来没有尝试过的大事，其中最重要的就是推动战略转型。

2013年8月19日，顺丰与元禾控股、招商局集团、中信资本签署协议，后三者总体投资不超过顺丰25%的股份，总额80亿元。这是顺丰20年来第一次引进外部股东，也让顺丰在购置土地扩张中转场和航空枢纽，以及自动化系统和自动化设备方面有了更丰厚的资金支持。

顺丰发展到今天，员工规模已经超过了20万人，如果没有这批优秀的管理人员，单靠我个人，是没有办法驾驭整个公司的局面的，而要想推动转型，最关键的就是员工思维和整个公司文化层面的改变。[1]

王卫试图探索未来的竞争力，在他看来，尽管顺丰的变革遭遇诸多挑战，但是依然要重回巅峰时刻。

---

[1] 王卫：《"顺丰速运"转型"顺丰服务"的创新与变革》，[J]，中关村，2014（12）。

王卫倡导的顺丰变革给中国企业经营者的启示是，任何时代、任何行业，中国企业经营者都必须主动地变革，主动地颠覆旧有优势，方能在与竞争者的较量中获胜。

第五章

重货更名，顺丰上市

> 在国内快递行业面临着国际上四大快递巨头的竞争，一旦上市的话，就要信息披露，企业就要变得透明……所以，作为企业的老板，你一定要知道你为了什么而上市。否则，就会陷入佛语说的"背心关法，为法所困"。
>
> —— 顺丰创始人　王卫

重货护城河

在中国快递行业，面对残酷的市场竞争，王卫不得不调整自己的战略市场，将"顺丰重货"更名为"顺丰快运"。

2018年8月，顺丰启动战略调整，对旗下重货业务正式更名为快运业务，并对组织架构进行了较大调整，虽然看似一个小小的改动，却透露出顺丰战略市场的调整，以及王卫对重货业务的认可与肯定。这样的布局得到王卫如此重视，足以说明顺丰重货在王卫心中的分量。

"顺丰重货"改名"顺丰快运"

根据顺丰的内部公告显示,顺丰发布了"关于发布速运事业群重货业务更名为快运业务及架构调整的通知",正式将重货业务更名为快运业务,此次通知如下:

为适应市场及行业的变化,满足快运业务战略发展需要,进一步整合优化资源,提升快运业务品牌价值及市场竞争力,经公司研究决定,速运事业群重货业务更名为速运事业群快运业务,并对组织架构进行调整。

为了更好地推动重货业务的竞争力,顺丰还单独对其快运品牌进行全方位、一体化的战略调整。

根据此次顺丰发布的"关于发布速运事业群重货业务更名为快运业务及架构调整的通知"内部公告显示,进一步整合优化资源,提升快运业务品牌价值和市场竞争力,以及组织架构进行调整,就是为了更好地适应市场的需求,同时对重货业务的发展带来颠覆性影响,即此次顺丰重货更名顺丰快运的战略预期是提升快运业务的品牌价值,以及市场竞争力。因此,王卫如此重视顺丰对快运业务,并对重货业务进行更名。

据顺丰官网介绍,顺丰的重货业务分为两块:第一,中国内地地区。

第二,顺丰国际重货。

纵观顺丰重货业务,虽然从2014年开始,但是重货业务的产品体系却经历了四个阶段:

第一阶段,2014年,顺丰推出物流普运;

第二阶段,2015~2016年,顺丰陆续推出重货专运(整车)和重货快运(空运);

第三阶段,2017年6月,顺丰推出针对专业市场直发的专线普运;

第四阶段,2018年1月,顺丰推出20kg~100kg的重货包裹和100kg~500kg的小票零担。

从顺丰重货的发展阶段可以看出,顺丰重货的前期三个阶段不能视为真正的快运业务。其理由是,当时的顺丰重货物流普运长时间经营较低公斤段。

回顾顺丰的重货业务不难发现,顺丰在第二阶段才开始有所增强，虽然推出整车和空运两种运输方式，但是并非公斤段的延伸；在第三阶段，顺丰开始拓展专线普运，核心优势是专业市场直发，不足的是该业务产品100kg以上的货量仅仅占比10%左右。因此，顺丰重货在前三阶段充其量是大包裹产品。

这样的境况直到2017年年底才有所改变。据了解，2017年年底，顺丰重货的物流普运100kg以上的货量占比25%。

与安能物流、百世快运等100kg以上货占比达到了70%~80%相比，顺丰重货的差距依然较大。数据显示，2018年前，顺丰在重货产品物流普运及专线普运100kg以上货源与传统零担公司差距较大。

当顺丰发展到第四阶段，由此推出了100kg~500kg的小票零担，打破100kg瓶颈，真正地迈入快运范畴。在小票零担发展半年后，成立"顺丰快运"。

补齐了短板之后，顺丰相继着手提升自己的重货业务竞争。

（1）操作能力的提升

对于之前的顺丰来说，由于自身的大件操作能力不足，同时破损率较高，自然无法有效地解决大件客户的刚性需求。

为了给客户提供极致的服务，顺丰较长时间没有做公斤段延伸。其后虽然推出小票零担业务，但是仍然需要解决大件的操作问题。

为了解决大件操作问题，顺丰与新邦物流合作。新邦物流作为传统的零担企业，拥有较强的大件操作能力。2018年4月，顺丰与新邦物流合作成立顺心，其目的就是承接小票零担及物流普运中100kg以上货物业务。因此，由新邦物流承接顺丰小票零担业务及物流普运。

（2）网络覆盖的提升

众所周知，对于任何一个快运企业来说，涉足重货业务，必须拥有覆盖够多的网络。在顺丰重货的初期阶段，通过与快递隔日达合网运营。

经过几年的发展，顺丰重货繁多的业务量无疑催生了更多的网点和场地。遭遇如此瓶颈，很难支撑顺丰重货业务的发展，于是开始了分网运营。

截至2018年6月，顺丰共计开设了899个重货网点，集中分布在华东、华南和西南地区，顺丰与德邦、安能、百世等网点数相比，仍有不小差距。

面对差距，顺丰急于打破自己的瓶颈，与新邦结盟，成立顺心。新邦拥有1150+个网点，且集中在华东、华南地区。顺心的成立，无疑提升了顺丰重货在华东、华南的网点密度。不仅如此，当顺心构建网点，其数量无疑会持续增加。按照顺心的战略规划，到2020年，预期达到12000家网点。

对于顺丰来说，网点的增加，同时也是激活零售板块的一把钥匙，顺丰最终形成类似直营+加盟的模式。究其原因，顺丰通过顺心加盟的方式有效地补充了网点。数据显示，当前，顺丰直营与顺心加盟网点的数量达到近2300家（目前顺心出货网点为1300+家）的规模，超过天地华宇的网点数量。

顺丰重货的贡献率占比上升

数据显示，2018年上半年，顺丰重货的贡献率占顺丰集团总收入的8.1%，其销售收入已经成为顺丰业务增收的主力军之一。

这是王卫将"顺丰重货"更名"顺丰快运"，并对组织架构进行调整的一个关键所在，同时也标志着顺丰迈入重货快运市场的转变。

作为追赶者，由于在网点、分拨、设备投入，尤其是大件操作经验的欠缺，赶超与德邦零担业务，顺丰快运仍需时日。

对于任何一个企业来说，涉足新的战略点，必须果断而决绝，不能来回摇摆，否则将失去最佳的转折机会，因为机遇一旦失去，就很难抓住，毕竟时不我待，尤其是中通快递和韵达快递，他们如同火箭一般的快速生长，凭借价格优势，促使王卫必须敢于做出"风萧萧兮易水寒，壮士一去兮不复还"的悲壮决策，对于此刻的重货业务也是如此。被动走出去，还不如主动迎接朝阳。

正如电视剧《亮剑》中李云龙团长理解的亮剑精神。李云龙说道："同志们，我先来解释一下什么叫亮剑。古代剑客们在与对手狭路相逢时，无论对手有多么强大，就算对方是天下第一剑客，明知不敌，也要亮出自己的宝剑。即使倒在对手的剑下也虽败犹荣，这就是亮剑精神。任何一支部队都有自己的传统。传统是什么？传统是一种性格，是一种气质。纵然是敌众我寡，纵然是深陷重围，但是我们敢于亮剑！我们敢于战斗到最后一个人！一句话，狭路相逢勇者胜！亮剑精神就是我们这支军队的军魂！剑锋所指，所向披靡！"①

在王卫的指导下，顺丰取得不错的成绩。根据财报显示，2018年上半年，顺丰控股实现营收425.03亿元，同比增长32.1%，完成全年业绩承诺的60%；归属上市公司股东净利润22.33亿元，同比增长18.59%；快件量18.58亿票，同比增长35.29%。

从这组数据分析，顺丰的业务板块分为两块：传统业务（时效产品、经济产品）和新业务（重货、冷运、同城配送和国际）。

在传统业务板块，作为顺丰优势业务的时效产品，一直都是顺丰营业收入的重要贡献点，超过总营业收入的60%。2018年，此业务上半年营业收入增长达到18.17%。不仅如此，早在2018年上半年，顺丰整合板块相对趋同的产品，优化其流程，由此赢得了53.71%的营业收入增长。

如此调整，顺丰转型的效应非常明显。根据顺丰发布的半年财报数据显示，其整体营业收入占比由2017年同期的12.3%上升为16.2%。其中，同城配送同比增长高达

---

① 都梁：《亮剑》[M]，北京：解放军文艺出版社，2006。

158.79%，重货同比增长 95.82%，冷运同比增长 47.71%，国际同比增长 40.78%。[①]

在取得优异业绩同时，顺丰也在拓展新业务。例如，同城配送，顺丰与网红咖啡瑞幸外卖展开战略联合；在重货业务上，2018 年 3 月，顺丰收购新邦物流业务，成立"顺心捷达"；冷运方面，2018 年 8 月，顺丰成立新夏晖合资公司，与夏晖公司展开战略合作；在国际市场拓展上，2018 年 4 月，顺丰投资美国物流服务平台 Flexport。

值得重视的是，在顺丰新业务板块中，王卫异常看中重货业务，且营业收入已有起色，2018 年前 8 个月重货的营业收入已经超过 2017 年全年 44 亿元的规模。

顺丰上市

顺丰上市，一个重要的原因就是融资。与圆通、中通、

[①] 李华清：《顺丰控股 2018 年上半年营收超 425 亿元　新业务增长迅速》，[N]，经济观察报，2018-08-24。

申通、韵达不同的是，顺丰作为直营模式的忠实信徒，其资产负债率无疑高于行业平均水平。

根据万得信息技术股份有限公司（Wind）提供的数据显示，截至2015年12月31日，速运物流行业资产负债率平均值58.59%，顺丰资产负债率为60.27%。

顺丰之所以有如此高的资产负债率，是因为其在扩大自身的业务规模、中转场建设、航材购置、冷运车辆以及温控设备购置、信息化建设等方面的资本投入。

面对巨额的投资，尤其是在航空、仓储、冷链方面的投资，无疑对顺丰现金流产生巨大压力，仅仅凭借顺丰自有资金和银行贷款，自然很难维持如此高的资本投入。

持续的投资需要资金，这是王卫无法回避的事实问题。据2015年的一份报告数据显示，截至2015年12月31日，顺丰控股拥有货币资金36.2亿元、理财产品余额67.06亿元，短期内可用于支付的款项合集为141.53亿元。负债方面，短期借款65.85亿元、应付票据1.9亿元、应付账款30.95亿元、应付职工薪酬26.65亿元、应交税费5.75亿元、应付利息1483.68万元、一年内到期的非流动负债6.73亿元，短期内需支付款项合计137.89亿元。

上市的光鲜面

在中国快递行业，顺丰创始人王卫虽然之前拒绝资本，但是其自身的重资产模式和竞争对手的相继上市，他也不得不接纳资本市场，直接跳过 IPO，借壳上市。

王卫接纳资本市场的一个好处很快显现出来。其仅仅用 6 天时间就将自己的财富提升到身价 1800 亿元，位列全国第三，直接超越马化腾，仅次于万达创始人王健林、阿里巴巴创始人马云。

难以置信的是，在一个月前，王卫却是一个名不见经传的企业家，低调的他，不接受媒体的采访，甚至连报纸、电视都没有他的半点踪迹。即使在媒体和研究者经常查阅的"2016 年中国富豪榜"里也没有王卫的踪影。

然而，资本的力量是巨大的，这也是王卫将顺丰上市的关键所在。2017 年，上市后的顺丰直接把王卫送进中国富豪榜前四，其后王卫和顺丰密集地占据各大媒体的头条。

数据显示，顺丰上市 6 天以来已经连续 6 个涨停板，市值高达 2800 亿元，沪深两市市值排名第十五。股价的推高，也提升了王卫的身价，从130亿元暴涨至上市6天后的1800亿元，超过腾讯创始人马化腾的1670亿元，仅次于王健林和马云。

这样的变化让中国传统企业的企业家们悲喜交加，喜的是，自己遇上这样一个好时代，在神奇的A股市场见证6日上涨66%以上的奇迹，而这样的神话也铸就了王卫财富值坐火箭飞涨的壮丽盛景；悲的是，当初为什么不早点进入资本市场，让自己的融资和管理早点得到媒体和资本市场的认可？

究其原因，从300亿元到1800亿元的跃升，作为创始人的王卫，仅用了短短几个月的时间，其中的关键在于，王卫接纳了资本，并且成功借壳登陆A股。

新浪网报道称，相比A股其他民营快递类上市企业，顺丰在其基本面的优势较为明显。2017年2月22日晚间，根据顺丰业绩快报显示，顺丰控股2016年的净利润为41.80亿元。该业绩是此前重组时相应年度承诺的1.92倍。

顺丰交出其高预期的业绩，给予资本市场充分信心，但是由于顺丰当时的市盈率较高，导致顺丰其后股值缩水。以2016年公布的业绩为参考，顺丰控股当前的市盈率为90.9

倍,是圆通速递的 1.73 倍、韵达股份的 2.1 倍、申通快递的 2.45 倍。与在美国上市的中通快递相比,顺丰控股的市盈率是其 2.47 倍。此外,顺丰控股的市盈率显著高于深市的市盈率,截至 2017 年 2 月 27 日,深市的市盈率为 30.4 倍。[①]

拒绝并购

对于任何一个发展中的企业来说,并购是一个绕不过去的话题。当企业做到一定规模时,要么并购别人,要么被别人并购。

基于此,当顺丰做到一定规模后,联邦快递、UPS 等海外巨头多次抛出橄榄枝,面对这些跨国企业的并购意向,王卫多次都拒绝了。

在镀金时代,部分快递企业力求赚到快钱,于是纷纷转型。与之相反的是,王卫却拒绝诱惑,旨在提升顺丰专业化、标准化管理,有效地提高了顺丰的效率,提升了用户的收寄件体验。

[①] 新浪综合:《王卫距离马化腾还差 7000 万 顺丰控股拿出 4 亿给股东分红》,[EB/OL],2017-02-28.http://finance.sina.com.cn/stock/s/2017-02-28/doc-ifyavrsx5367625.shtml。

王卫
与顺丰

正因为如此，顺丰优选前总裁刘淼在接受媒体采访时称，王卫是他见过的最有钱的工作狂，这源于王卫在创业初期既是老板，又是快递员。二十多年来，王卫每天的工作时间都超过14个小时，甚至还定期亲赴一线，为顾客收发快递。

当然，王卫之所以亲赴一线，是因为王卫的危机感。曾有高管称，王卫很有危机感，但凡三个月没有创新和变革，王卫就感到危机四伏。

作为顺丰高管，徐勇认为，王卫最难能可贵的是，始终坚持专业化，不被其他利益所诱惑。专业化战略无疑提升了顺丰在创业初期的资本积累阶段的核心竞争力。把有限的资金和人才集中地投入信息化、标准化的流程中，使得顺丰成为隐形冠军。

虽如此，但王卫依然异常低调，几乎不接受媒体的采访，其次数也屈指可数。就连顺丰的企业内刊《沟通》杂志，也从来没有刊发过王卫的专访照片。

虽然王卫很低调，但是却关注员工的发展，即使在金融危机最难的时刻，王卫也没有裁掉一名员工。

查阅相关资料，不管是在公司内部的讲话，还是在公开会议场合，王卫都称"收派员才是顺丰最可爱的人"。

在重资产模式的经营中，顺丰的成本虽然高昂，但是王卫却对 PE、VC 机构投资很少接触，甚至拒绝了快递行业巨头的橄榄枝。

上市融资，可以解决顺丰缺钱问题

对于上市与否，本应该不是一个具有多大争议的话题。然而，在中国企业界，似乎争议较大。

在坊间，流传一句顺口溜——"永不上市老四家，顺丰、华为、老干妈，还有一个娃哈哈！"

然而，随着顺丰的上市，此顺口溜已成为历史。2017年2月24日顺丰正式上市。上市之前，王卫对顺丰上市热情度不够。对此，王卫曾经说道："上市无非是获得企业发展所需的资金。顺丰也缺钱，但顺丰不能为了钱而上市。上市后，企业将变成一个赚钱机器，每天股价的变动都牵动企业的神经，对企业管理层的管理极为不利。"

很长时间内，王卫抵触相关注资、上市话题，坊间甚至还流传王卫拒绝投资人的各种版本：

2004年，美国联邦快递有意拓展中国市场，打算出资以40亿~50亿元的价格并购顺丰。面对橄榄枝，王卫果断地拒绝了。同年，顺丰销售额也就13亿元。

作为快递行业的龙头企业，风险投资者自然不会漠视这样的潜力股，有意投资顺丰。面对资本，王卫始终没有答应，也不见面。

面对王卫的拒绝，该风投开出50万元的中介费用，只为与王卫吃个饭，聊聊。

曾经有一位咨询企业董事长私下透露称，包括花旗银行在内的很多美国投资商曾找到他，试图让他说服王卫，投资顺丰，一旦投资成功，该董事长可获得1000万美元佣金。

面对资本，从当初的抗拒，到接纳，王卫肯定是经历了一段痛苦的挣扎。尤其是随着韵达、圆通和申通的接连上市，用融资获得的资金武装了自己的队伍。不仅如此，经过20多年的发展，快递行业也触及坡顶，以及越发不景气的趋势，尤其是市场的急剧变化，让强悍的顺丰也不得不低下高昂的头。

为了快速地融资，顺丰跳过IPO，直接借壳上市。与当年拒资本于千里之外的顺丰相比，无疑是风水轮流转。原因如下。

第一，布局多个业务事业群时，亟待解决巨额运营资金问题。

顺丰的经营范围集中在速运、物流、仓配、商业四个方面，由此打造了一条成熟的供应链体系。

在其后的组织变革中，其原有业务板块却被重新划分，将其分为：速运事业群、商业事业群（嘿客、优选）、供应链事业群（普运、冷运）、仓配物流事业群（电商、海淘）、金融服务事业群（顺手付），业务涉及速递、生鲜电商、跨境电商、金融支付、无人机等。

根据顺丰组织的调整不难看出，为了顺应提升自身的竞争力，其生态建设需要投入更多的资金和资源，顺丰的边界也就越铺越大。

第二，拒绝加盟模式，面临凭借自有资金发展带来前所未有的重压。

回顾快递行业，"通达系"凭借自身的加盟模式，以低价格竞争来获取足够多的市场，加上上市后，也开始进行自营布局，尤其是加盟模式的竞争者先后登陆资本市场后，给王卫带来的竞争威胁也就越来越明显。

面对兵临城下的竞争，尤其是面对"通达系"的大兵压境，顺丰不得不凭借自有资金布局来应对。

第三，上市融资可以缓解顺丰的高资产负债率。

顺丰的资产负债率一直保持在50%左右（截至2012年年底），相比国际物流巨头，优于UPS，与美国联邦快递、EMS相当，顺丰流动比率和速动比率甚至优于EMS。一个不容忽视的问题是，顺丰自身的重资产模式必须在解决资金的基础上，才能打通其稳步发展的路径。

是否上市，原因就两个

回顾中国企业界，以"不上市"著称的企业家有四位：任正非、陶华碧、宗庆后和王卫。如今的王卫已经离开这个"不上市"联盟。

在一片被催上市风潮中，一直声称"不差钱不上市"的娃哈哈创始人宗庆后，也开始松口改变之前的决绝态度，称在适当的时候会考虑上市。于是，有媒体撰文称，娃哈哈已经准备上市。

在"四不上市联盟"中，上市的传言继续四起。2018年

7月25日，深交所副总经理王红一行，联合贵州证监局、贵州省金融办，赴贵州货车帮科技有限公司、贵阳南明老干妈风味食品有限公司、贵州一树连锁药业有限公司调研。

既然深交所派员去贵州调研，给三家公司做上市培训，那当然就是为上市做准备的。其后，老干妈上市的传闻也就在市场上不胫而走。

2018年8月8日，陶华碧的秘书刘涛回应道："深交所就是来看看，老干妈不会上市，未来也没有上市的计划。"

按照一般的公关，此次事件尘埃落定，但是机构眼中的肥肉怎么能被放到眼皮下，甚至再次放出"老干妈"上市的风声，其后上市被舆论再次提起。不得已，2018年11月12日，陶华碧在接受贵州广播电视台专访时辟谣称："老干妈不考虑贷款、参股、融资和上市，坚持有多少钱就做多少。"

客观地讲，在如今这个镀金年代，"上市"早已成了很多企业融资圈钱的手段。而老干妈坚持有多少钱就做多少事，无疑是商界的一股清流。

与很多企业家急于上市的做法不同，陶华碧没有上市的打算。在接受媒体采访时，陶华碧说出不上市的理由："我教育儿子，就好生做人，好生经商。千万不要入股、控股、上市、贷款，这四样要保证，保证子子孙孙做下去。所以一有政府人员跟我谈上市，我跟他说：谈都不要谈！免谈！你问我要钱，我没得，要命一条。"

在上市这条路上，陶华碧的做法相对比较慎重，因为其始终坚持"不贷款、不融资、不上市"的三不政策。正如陶华碧所言，即使政府官员来谈，也敢于拒绝。

对于任何一个企业来说，是否上市，通常有内部原因和外部原因：内部原因一般包括股权结构、是否缺乏拓展业务所需要的资金，以及社会化，等等；外部原因，在中国，一些企业上市的外部原因包括政府某些官员的政绩工程、市场因素，等等。

众所周知，在中国的企业界中，华为创始人任正非和老干妈创始人陶华碧从2014年以来被实业界推崇，因为这两位成功的企业家提出了不上市的共同理念。尽管他们理念相同，但是其理由却刚好相反，陶华碧的理由是："我坚决不上市，一上市，就可能倾家荡产。上市那是欺骗人家的钱，有钱你就拿，把钱圈了，喊他来入股，到时候把钱吸走了，我来还债，我才不干呢。"

媒体大篇幅地报道了贵州老干妈辣酱创始人陶华碧坚决不上市,甚至认为是骗人家的钱的行为,从而把这位企业家推向了媒体的浪尖。

反观陶华碧的创业历程不难发现,陶华碧在1996年创办了贵阳南明老干妈风味食品有限责任公司,经过20多年的发展,这家企业将不足10元的辣椒酱锻造成登上美国奢侈品销售网站的国际品牌,而陶华碧也成为中国最大辣椒酱企业的掌门人。

英国《每日电讯报》报道称,任正非在伦敦的一个新闻发布会上对媒体表示:"事实上,公众股东是贪婪的,他们希望尽早榨干公司的每一滴利润。而拥有这家公司的人则不会那么贪婪……我们之所以能超越同业竞争对手,原因之一就是没有上市。"

如果分析华为拒绝上市的内部原因,公开数据资料显示,由于华为的股权不集中,通常企业上市无疑就意味着管理层控制权可能被剥夺,尽管这样的可能性非常小,但是这样的事件屡屡发生,以及持有原始股股东众多,一旦企业上市成功,众多的亿万富翁员工的工作激情就可能丧失。

不可否认,不管是老干妈,还是华为,不上市的一个最最重要的原因就是老干妈和华为流动资金雄厚，不缺钱。众所周知，一旦某个企业不缺乏扩张或者运营的资金，也就没有上市融资的动力。因为一旦企业上市之后，企业的战略决策和投资动向，以及诸多的企业信息必须公开，同时还得接受股东和媒体的监督。当这些企业信息被透明化之后，对一个默默崛起的民营企业而言，这显然是不利的。因此，老干妈和华为上市时间依然是个未知数。

的确，在如今许多企业家都争着上市圈钱的氛围下，陶华碧居然拒绝上市，这种"另类"做法使其能够在金融危机中安然度过，同时也让那些财务造假上市、业绩变脸、急着变现的企业家们汗颜，因为在如今的商业时代下，能够拒绝浮躁是一种修炼。

当然，媒体认为，老干妈不上市，与陶华碧自身的经历和企业模式有关，尤其是老干妈创始人陶华碧小富即安的心态。

在媒体看来，作为千亿级企业的顺丰，对资本更具吸引力，尤其是顺丰的业务板块相对清晰，在搭建完整的生态体系中，其所需的资金无疑非常庞大，上市融资也就成为一个选项。

此前，王卫说道："上市的好处无非是圈钱，获得发展企业所需的资金。"在顺丰上市问题上，王卫非常清楚，那就是获得企业发展所需的资金。

数据显示，截至 2015 年 12 月 31 日，顺丰控股短期内可用于支付的款项合计 141.53 亿元。同期顺丰控股短期内需要支付的款项仅仅略少于 141 亿元。这意味着顺丰控股可用于支付的流动资金仅有 3.6 亿元，相对于其体量来讲，其流动资金明显不足。

数据显示，顺丰控股负债率 2013 年为 33.4%，2014 年为 47.34%，2015 年升至 60.27%。

其他快递企业，其负债率均未有如此明显的上升，甚至圆通快递 2015 年负债率还有所下降。在经过慎重考虑后，王卫选择了上市，因为此刻的对手已经把王卫逼上上市之路，除了上市，似乎没有过多的选择。业内人士在接受媒体采访时坦言："资本为王时代，选择借壳上市肯定是为了融资，谁首先抓住了上市带来的红利，谁就占得把竞争对手拉下马的先机。"

第六章

深耕零售,搭建生态

> 我们的未来,是会走到很多行业里面去,做深很多行业,而不是"最后一公里"的仓库配送,这样的话,永远做不深一个行业。
>
> —— 顺丰创始人 王卫

深耕零售

在十多年的战略布局中,王卫始终围绕零售行业深耕。例如,线下零售业务,不管是早期的"嘿客",还是其后的"顺丰家",都以失败而告终,甚至其店面大部分都转型成"快递+便利店"模式的"顺丰优选"店。

对于当下火爆的电商,王卫依然不甘落寞。虽然早期的"顺丰E商圈"已经关停,但是如今的顺丰电商却只剩下生鲜电商平台"顺丰优选",以及跨境电商平台"丰趣海淘",其经营成绩并非大红大紫,但是顺丰却始终都在尝试涉足零售板块。

顺丰的零售试验

2016年10月13日,阿里巴巴创始人马云在云栖大会上,首次提出"新零售"这个概念。马云讲道:"未来的十年、二十年,没有电子商务这一说,只有新零售这一说,也就是说线上线下和物流必须结合在一起,才能诞生真正的新零售,线下的企业必须走到线上去,线上的企业必须走到线下来,线上线下加上现代物流合在一起,才能真正创造出新的零售企业。"

在马云看来,以消费升级为大背景,人工智能、大数据、云计算带来的新技术,打通线上线下、高效物流,以及整个零售业产业链的创新,于是顺理成章形成了"新零售"。新零售的出现,肯定是有利于消费者的,更利于商家以及整个实体经济。究其原因,"新零售"可能影响未来十年,甚至是二十年的商业格局。正因为如此,一直试图在零售有所作为的王卫,自然也明白其中的商业潜力。

基于此,王卫始终都在布局零售板块,其最早可以追溯到大约10年前。2009年的端午节期间,位于浙江嘉兴顺丰区部，一个快递员通过端午节的契机，成功销售了 100 多万件五芳斋粽子。

这个不经意的尝试，尤其是一炮而红的销售成绩，给顺丰，尤其是王卫涉足电商平台增添了不少信心。

2010 年，王卫正式推出顺丰的电商平台——"顺丰 E 商圈"，主要销售食品，同时也开启其支付平台——"顺丰宝"。此刻的王卫纵有"我本将心向明月"，但是却"奈何明月照沟渠"。

由于电商和支付两块业务的尝试遭遇挫折，甚至不了了之。其后，痛定思痛，顺丰开始转型。

2012 年，王卫调整顺丰的业务方向，把冷链技术视为突破口，甚至以此为核心竞争力。在此背景下，顺丰涉足对冷链技术要求非常高的生鲜食品电商平台——"顺丰优选"。

王卫对此非常重视，在"顺丰优选"电商平台上线前，王卫专门从深圳飞到北京，与高管商讨此次布局的重要性，甚至再三强调"顺丰优选是不能失败的项目"。

在王卫的督战之下，顺丰优选赢得不俗战绩。2014 年双十一，顺丰优选的单日业绩高达 7000 万元。遗憾的是，顺丰优选却没能成为高频消费的电商平台。

其后，顺丰又开始自己的尝试，试图寻求线下零售突围。2014年5月18日，顺丰布局线下零售，由此推出"嘿客"网络服务社区店，其业务覆盖四大方向：商品预购、网购线下体验、便民服务、快件自寄自取。

当然，王卫涉足线下零售，尤其是"嘿客"网络服务社区店，目的就是解决"最后一公里"的难，同时也为抢占社区入口的蓝海市场。

没过多久，"嘿客"扩张到2000多个。当"嘿客"经过快速扩张后，其存在的问题也凸显出来。究其原因，"嘿客"作为零售门店，其作用却像快递揽收，尤其是店内的商品，仅仅提供给顾客作为展示之用，即使顾客需要，也必须在线上下单。因此被顾客、研究者、媒体诟病。

对此，中国物流学会特约研究员杨达卿说道："'嘿客'失败最主要原因还是在用快递思维做商业……顺丰不理解社区经济，社区经济最大的优势就是方便、快捷，体验感强，但在这一点'嘿客'恰恰相反。"

与杨达卿有着类似观点的，还有春晓资本合伙人何文。何文说道："对于线下店来说，最重要的就是体验，没有任何一件可以购买和体验的实体商品，这不符合社区零售规律。"

在何文看来,"嘿客"做法则完全违背了社区零售的本质,即效率、体验和成本。正因为如此,2015年,顺丰不得不关闭大部分"嘿客"门店,对于没有关闭的店面,顺丰则将其更名为"顺丰家"。同年,顺丰已经启动上市,于是剥离负责线上线下零售业务的顺丰商业板块。

2017年,顺丰借壳鼎泰新材上市,由此披露了相关财报数据。数据显示,2013—2015年,顺丰"已剥离零售业务商业板块"分别亏损1.26亿元、6.14亿元、8.66亿元,相加亏损16.06亿元。而亏损的原因,报告中称"主要是因为顺丰商业自2014年开始集中铺设线下门店所致"。[1]

屡败屡战的"最后一公里"

从王卫布局零售战略来看,尽管顺丰遭遇系列的失败尝试,但是王卫并没有真正放弃过零售业务的尝试。

为了重整旗鼓,2015年,作为顺丰创始人的王卫,甚至还亲自出任顺丰商业(包括顺丰优选、嘿客等业务)的CEO。

---

[1] 董洁:《顺丰的"零售持久战":为何屡败屡战?》,[EB/OL],2018-06-14,https://tech.sina.com.cn/i/2018-06-14/doc-ihcwpcmq8347321.shtml。

王卫说道:"我们的未来,是会走到很多行业里面去,做深很多行业,而不是'最后一公里'的仓库配送,这样的话,永远做不深一个行业。"

在此前多次业绩沟通会上王卫强调,顺丰不仅仅是一家只做快递的企业,而是在快递业务基础上涉足新利润点,延伸新业务的企业。

顺丰不仅布局顺丰优选电商平台和线下零售门店,同时还涉足跨境电商平台。2015年,顺丰海淘电商"顺丰海淘"(现更名为"丰趣海淘")呼之欲出。该平台作为供应链跨境电商平台,尝试非标品、个性化的直邮模式。

涉足该业务的目的是,通过其物流和供应链优势角逐跨境电商。虽然雄心依旧在,但是却与其他跨境电商一样遭遇同样的难题。在不断的发展过程中,丰趣海淘屡屡被媒体曝出"售卖假货",虚假宣传、擅自取消订单、退货难等问题。

在与对手的竞争中,丰趣海淘遭遇天猫国际、京东全球购,以及网易考拉等巨头的围堵和绞杀,其市场份额与天猫国际27.8%相比,可以忽略不计。

根据易观国际发布的《中国跨境进口零售电商市场季度监测报告》数据显示,在2018年第一季度,丰趣海淘的市场占比仅有 1.1%，在所有对手中排名第 9。

当顺丰在涉足跨境电商时，同时也在向线下门店拓展。2016 年 9 月，顺丰启动更名，将顺丰线下门店的"顺丰家"更名为"顺丰优选"。

顺丰如此做法是为了统一线上电商平台和线下零售店的战略布局，以此来完成零售——"快递+便利店"的战略转型。

首先，提升了顾客的体验感，顾客在"顺丰优选"门店中，可以线下体验和线上下单，同时也可以实物零售。

其次，顺丰扩充很多商品品类，以生鲜为主，甚至增加了跨境进口的商品。

最后，顺丰把线上平台销售与线下实体销售合二为一。顾客在顺丰优选线上平台下单，其后，顺丰再送货上门，同时也可以在顺丰优选线下门店直接选购和自提。

借势加盟模式

为了让"顺丰优选"更具竞争力，顺丰放弃了自身的直营模式，通过加盟模式来布局。在门店扩张中，门店加盟者需要承担房租和相关的人工费用,顺丰则承担门店的装修和商品供应。

在此块业务的加盟模式中,加盟者必须交纳30万元的履约保证金,其目的是更好地约束加盟商,但凡没有违约,在合同期满可以全额返还30万元履约保证金。

按照顺丰的规划,"顺丰优选"的开店规模将在2019年达到4500个线下门店,2020~2021年,顺丰将建立上万家线下门店。

对此,读者可能好奇地问,"加盟模式"业态是否可以满足顺丰涉足零售的野心呢?对此,东北证券物流分析师罗丹在接受媒体采访时说道:"顺丰优选这种招商方式,虽然大大降低了顺丰自身的经营风险,但如何做好品控,很考验顺丰的功力。"

据了解,顺丰优选门店的货品品类大约200种,包括零食、洋酒、红酒、矿泉水、海鲜、速冻主食、米面粮油等产品。

针对"顺丰优选"的跨境产品,中国电子商务研究中心主任曹磊说道:"锁定在高档人群,店铺只能开在高档社区,门面租金不便宜,而且高档社区是以购房能力决定的,并不是人流量见长,这对顺丰来说是巨大的考验。"

在曹磊看来，顺丰优选80%的商品是国外品牌就是瞄准高端顾客群。由于顺丰目前缺乏线上流量，使得顺丰优选获取线上流量的成本较高。到目前为止，顺丰做了诸多零售尝试，但无论是线下门店、生鲜电商还是跨境电商，都还没有非常亮眼的成绩单。[①]

东北证券物流分析师罗丹在接受媒体采访时坦言："虽然通过自己的渠道优势，顺丰可以连接产业链上的各大中小商家，但是顺丰的物流优势主要在于其长距离的配送方式上，日常零售商品的配送能力尚欠佳。"

在罗丹看来，虽然顺丰拥有强大的配送能力，但是却缺乏仓储环节上的优势。电商和零售的竞争力体现在仓配上，这恰恰是顺丰的短板。

电商分析师李成东在接受媒体采访时坦言："物流属于服务能力，并非零售能力，零售需要供应链、对消费者的洞察等方面的能力，顺丰还不具备核心的零售能力，这是顺丰零售做不起来最主要的原因。"

虽如此，王卫却一直在坚持盘活物流与商流的竞争力。

---

① 董洁:《顺丰的"零售持久战"：为何屡败屡战？》, [EB/OL], 2018-06-14, https://tech.sina.com.cn/i/2018-06-14/doc-ihcwpcmq8347321.shtml。

罗丹分析道："这也是顺丰一直执着于要做电商零售的原因……先建立渠道品牌，再塑造商品品牌，通过自己的渠道帮品牌背书。"然而，顺丰想要达到这样的预期，还有一条艰难的路要走。

"开拓新的利润来源，延伸新的业务支脉"

零售业务的屡次受挫影响了顺丰自身的布局。王卫在顺丰上市前尽管早已剥离商业板块，但是此刻的顺丰不得不再次启动自己的商业探索。

王卫在顺丰控股2016年度业绩说明会上说道："我们需要在快递业务基础上开拓新的利润来源，延伸新的业务支脉。"

重启新业务板块

近几年，越来越多的竞争者争抢顺丰的市场份额。不得已,王卫重启新的业务板块。根据顺丰公开的财报显示,顺丰主营的快递业务正在遭遇快递竞争者猛烈的攻击。顺丰在上市初期,投资者狂热地追捧,使得顺丰股价上涨,顺丰因此成为中国市值最高的快递企业。

其后,顺丰股价如过山车一般,极速下滑。2017年一季度,顺丰股价最高点为73.34元,经过一段时间的震荡后,顺丰股价下滑较为明显。截至2018年6月14日,顺丰股价已跌至46.32元,相比巅峰时的股价,已经跌去36.8%,总市值蒸发高达900多亿元。[1]

资本市场的下滑,与对手的快速增长有关。根据国家邮政局发布的《2017年邮政行业发展统计公报》数据显示,2017年,中国快递行业业务量的规模高达400.6亿件,同比增长28%。

而顺丰同比增长却与行业水平差距有点大。据全天候科技统计数据显示,顺丰控股2017年的快递业务量份额仅约为7.62%(相比2016年的8.25%,下滑0.6%),直接被中通的15.5%狠狠地甩在其后,圆通的12.6%,韵达的11.8%,申通

---

[1] 董洁:《顺丰的"零售持久战":为何屡败屡战?》[EB/OL],2018-06-14,https://tech.sina.com.cn/i/2018-06-14/doc-ihcwpcmq8347321.shtml。

的 9.73%，以及百世的 9.4%，而昔日霸主顺丰退居中国快递企业的第 6 名。根据顺丰 2017 年的财报显示，顺丰控股 2017 年全年实现快件量 30.52 亿票，同比增长 18.29%。

顺丰的下滑，直接的原因之一是"三通一达"相继上市，融资成功后的"三通一达"顺势扩张。2018 年 6 月 6 日，申通快递发布公告称，申通出资约 2.4 亿元并购深圳中转资产；约 3.5 亿元收购广州中转资产；约 0.6 亿元收购长沙中转资产……申通大规模扩张意味着，其正逐步涉足重点城市转运中心的直营化变革。

在诸多对手中，中国邮政同样在布局，将 EMS 和邮政合二为一。作为顺丰老对手的圆通，推出自己的直营品牌——"承诺达特快"，染指中高端快递市场，其拥有航空执照。这意味着圆通将从顺丰手中抢占高端商务市场。

之前，除了顺丰，包括"三通一达"在内的中国快递企业，都选择了加盟模式。在加盟模式中，包括"三通一达"在内的中国快递企业仅仅做"收"这一环节，在"转""派""送"的三个环节中，通通交给加盟商完成。在运营中，包括"三通一达"在内的中国快递企业看到了其中的弊端，"三通一达"由此也在提升自己的直营比例。

顺丰的下滑，直接的原因之二是，菜鸟和京东物流也加入快递业竞争，使得快递行业的硝烟更加浓烈。京东物流之所以被认为是顺丰的强大对手，是因为京东创始人刘强东的战略。2017年，刘强东在接受中央电视台采访时说道："能在未来立足国内的物流可能只有京东和顺丰。"虽然这只是豪言，但是却看出刘强东布局物流业的决心。

2018年8月，京东宣布，京东已经建成总计超过250万平方米的物流仓储基地，在中国内地运营的仓储总面积达1200万平方米。其物流资产价值高达数十亿元人民币。

相比顺丰，截至2018年6月30日，顺丰控股持有物流场地土地面积约4603亩，总规划建筑面积300.61万平方米，已建成建筑面积84.88万平方米，物流场地资源账面净值合计约人民币91.34亿元。[①]

不仅如此，作为新晋对手的京东物流，染指北上广三地的个人快递业务，且针对顺丰进行标价。根据"物流一图"此前披露的京东商务件项目资料显示，京东在此前商务件项目的价格策略是，"在顺丰价格的基础上，根据商家件量进

---

① 陈世爱：《顺丰扩张后遗症：市值蒸发1630亿 应付债券增长近10倍》[EB/OL]，2018-12-25，http://finance.sina.com.cn/stock/s/2018-12-25/doc-ihmutuee2601354.shtml。

行价格折扣"。在 ToB 业务上，不管是顺丰，还是京东，都在捍卫自己的领地。

目前，顺丰继续保持自己的空运优势，顺丰航空全货机队规模突破 50 架，达到了中等航空公司标准。而新晋对手的京东，在 2018 年 11 月 6 日才宣布首架全货机成功首航。

当顺丰增速逐渐放缓时，顺丰的赛道对手，不仅仅包括"三通一达"，甚至更多、更强的对手也参与进来。

2017 年 9 月，阿里巴巴宣布，阿里巴巴斥资 53 亿元增持菜鸟网络股份。研究发现，阿里巴巴增资后，其持有菜鸟股权从原来的 47% 增至 51%。按照当时的估值，菜鸟估值达到 1325 亿元，与顺丰 2018 年 12 月 1445 亿元的市值不分伯仲。

2018 年 5 月，按照阿里巴巴创始人马云的设想，在未来的战略中，菜鸟网络投入亿元资金建造"国家智能物流骨干网"。其后，马云更是显示其战略决心："如果千亿不够，会投资几千亿，把阿里巴巴可以有的投资绝大部分投向物流。"

加码重担市场

顺丰的下滑，直接的原因之三是，顺丰自身的直营模式，导致顺丰的营运成本不断地上升。数据显示，2017年，顺丰控股速运物流板块的营业成本高达565.07亿元，较2016年同比增长22.93%。

在顺丰所有成本中，最大的开支就是人力成本。按照费用性质分类，顺丰控股的人力成本支出分为外包成本、职工薪酬。2017年，这两项费用支出分别为279.21亿元、100.73亿元，合计占比超过六成。

2019年，社保新政的实施也给劳动密集型的快递公司笼罩了一层阴云。其中已上市的快递企业必将首当其冲。国金证券此前预计社保政策对"通达系"快递公司净利润影响平均在5%~10%。顺丰2017年年报显示领取薪酬员工总人数13.6万人，其薪酬体系中奖金占比较多，市场担心社保新规对顺丰负面影响最大。①

---

① 董洁：《顺丰的"零售持久战"：为何屡败屡战？》[EB/OL]，2018-06-14，https://tech.sina.com.cn/i/2018-06-14/doc-ihcwpcmq8347321.shtml。

对此，中国物流协会特约研究员杨达卿分析说道："在科技重塑快递，人力密集型的快递行业要转向资本密集型和技术密集型，无人化技术逐渐普及，未来如果顺丰智能化调整不及时，40多万员工（顺丰财报显示顺丰自有、派遣及外包员工超过40万人）很可能会成为顺丰巨大的包袱。"

当大兵压境时，面对挑战，作为顺丰创始人的王卫，除深耕新零售业务外，还要加速布局重货快运、同城配送等业务。

2018年5月12日，顺丰与新邦物流展开战略合作，在广州共同召开"品牌发布会暨合伙人招募大会"，通过加盟模式涉足零担快运市场。

东北证券物流分析师孙延在接受媒体采访时介绍称，目前中国重货快运市场规模达到1.1万亿，相比较快递业务5000亿的规模，几乎是其两倍多。孙延说道："虽然在快运领域德邦一直是行业老大，但是这一行业集中度很低（市占率最多的德邦还不到2%），对于顺丰来说这是机会。"

在孙延看来，加码重担市场，有利于提升顺丰的竞争力。中国物流协会特约研究员杨达卿在接受媒体采访时说道："快递市场向下走，仍是一片红海，顺丰还是需要在品牌高地向上走、向外走。"杨达卿强调："……强化智能化仓配网络的建设，在服务新零售和新制造的物流市场里谋求新空间。另外，通过收购优质服务资源，也是顺丰实现增长突破的重要选项。"

染指零售板块，志在必得

在零售这块，王卫并不是从 2018 年才开始涉足的。如前所言，王卫染指零售板块，尤其是电商板块，可以追溯到 2011 年。

早在 2011 年，为了更好地涉足零售，顺丰通过顺丰优选网上商城实现自己的零售梦想。遗憾的是，顺丰优选却一直不温不火。

当顺丰优选没有达到预期的战略后，王卫继续他的零售战略。2014 年，顺丰启动"嘿客"便利店战略，除青海、西藏以外，在中国内地各省市自治区均覆盖，首批门店达到 518 个。截至 2014 年年底，顺丰"嘿客"达到近 3000 个门店，足见顺丰加码便利店的决心。

顺丰"嘿客"门店却在初期不陈列实体商品，唯有满墙的二维码。当客户需要购买某件商品时,只有通过扫描二维码下单,且不能及时拿到商品。其结果是,"嘿客"尽管投入巨额资金,但是却遭遇一片冷遇。

不得已,顺丰将"嘿客"更名为"顺丰家",又把顺丰优选整合起来。2015年9月30日,顺丰控股分别把顺丰电商、顺丰商业100%股权转让给顺丰控股集团商贸有限公司,其转让价格是1元。

2016年5月30日,鼎泰新材发布公告称,2013~2015年度,顺丰控股剥离业务的净利润分别为 –1.26亿元、–6.14亿元和 –8.66亿元,主要系该类业务处于初期阶段,相关投入较大所致。其中,2014年与2013年相比变化较大,主要是因为顺丰商业自2014年开始集中铺设线下门店,导致相关成本及费用出现较大增长。[①]

2017年年末,顺丰依然在探索零售,推出开放式无人零食货架项目——"丰E足食",面对败局,王卫在2017年年会上反思说道:"这两三年,顺丰的确做了很多创新的变革,折腾了很多三线的同事,来自不同BG(事业部)的同事在组

---

① 陈世爱:《顺丰扩张后遗症:6年换7个CEO 市值缩水1630亿》[EB/OL],2018-12-26,http://finance.sina.com.cn/chanjing/gsnews/2018-12-26/doc-ihqhqcis0308226.shtml。

织架构不断变化中受到很多折磨,这一点我心里非常难过,很多同事离开了。顺丰从外部看很平稳,但是内部发生了很大的变化。"

2017年,顺丰商业板块的销售收入仅仅为7900万元,同比增加287.13%,但是其成本增速却高达302.89%。

经历一连串的失败后,顺丰依然没有停下脚步。对此,顺丰优选更是频频地换将。2018年9月26日,顺丰宣布,全国珊担任顺丰商业CEO,其职责是全面负责商业事业群顺丰优选相关日常管理、战略规划、业务运营等事务。

根据媒体的披露,全国珊是一位有着30多年跨行业企业运营经验的资深管理者。在零售(包括超市、超级广场、百货、家装、电子商贸等领域)、市场及服务行业任职资深管理岗位,曾服务于世界级500强企业,包括香港和记黄埔旗下屈臣氏集团、美国沃尔玛集团、美国家得宝家装连锁集团、英国百安居家装连锁集团、英国怡和集团旗下牛奶国际等,曾任香港零售专业管理协会导师及台湾地区欧洲商会联合主席。[1]

---

[1] 新浪科技:《顺丰优选再度换帅:任命全国珊担任CEO》[EB/OL],2018-09-26,https://tech.sina.com.cn/i/2018-09-26/doc-ifxeuwwr8443031.shtml。

面对残局，王卫果断地"王佐断臂"，邀请全国珊加盟，其期望不言而喻。当然，顺丰不断地拓展新的业务，主要是基于战略考虑，王卫曾在2017年4月的公司业绩说明会上说道："我们的未来，是会走到很多行业里面去，做深很多行业，而不是'最后一公里'的仓库配送，这样的话，永远做不深一个行业。用科技的手段把这个行业进行提升，这是顺丰未来要走的方向。"

搭建全渠道生态环境

2018年3月，一场商业战争正式打响，交战双方的主角是拥有超6亿用户的美团和4.5亿用户的滴滴。起因是，2018年3月21日，"美团打车"取得浙江省会杭州的运营资质正式登陆上海。面对美团的进攻，滴滴也不甘示弱，悄然上线了"滴滴配送"App，染指外卖业务。

时至今日，不管是美团打车，还是滴滴配送，都没有达到他们预期的绩效，但是这起商业案例给我们提供的研究点是，在"互联网+"时代的今天，全渠道依旧是中国企业，不管是滴滴出行，还是美团外卖，抑或顺丰都想染指的。谁能够占据全渠道市场，谁就有话语权，谁就可以赢得中国市场。

反观上述竞争，其成败都会影响各自企业的格局，因为美团 App 和滴滴 App 用户重叠度高达 19.46%。

如此高的重叠度意味着用户的高可转化率。正因为如此，王卫才屡败屡战地染指零售市场，试图构建一个全渠道的生态体系。

在顺丰的战略布局中，试图盘活全部商业、物流、渠道、金融等资源。按照王卫的战略设想，通过给客户提供定制化的商业解决方案，以此实现其自身的商业版图。

搭建全渠道的生态环境

在生态建设上，获得成功的企业目前有两个：一个是苹果公司，一个是中国的小米公司。

小米创始人雷军，抑或是王卫，同样在探索生态建设的范式。

有关王卫的生态建设,《每日经济新闻》报道如下:

2014年5月与顺丰转运平台"海购丰运"同时低调上线的,还有顺丰速运旗下第三方支付平台"顺手付",消费者已经可通过该支付平台支付运费。同年,顺丰低调成立的顺银金融,也正在成为底盘型的事业部,围绕快递生命全周期提供增值服务。如此,一个集物流、信息流、现金流一体的顺丰跨境生态圈,悄然成型。

业内人士评价,现金流、信息流和物流合一是王卫追求的终极目标。在跨境蓝海里,除了跨境物流本业之外,顺丰意在给予国际商务合作伙伴一个包含跨境物流、全渠道销售、运营推广、本地客服等的全球化供应链解决方案。[①]

在顺丰商业板块,其平台为:

(1)线上电商平台——顺丰优选。为了更好地发挥作为线上电商平台的顺丰优选的作用,顺丰将其与线下社区服务店有机地结合起来,合力打造顺丰高效的全渠道服务商

---

① 创客顺丰的"国际范":《顺丰海淘上线"三流一体"跨境生态圈悄然成型》[N],每日经济新闻,2015-03-16。

业体系。

（2）线下社区服务店——"顺丰家"和"嘿客"。作为顺丰家和"嘿客"的线下社区服务门店，不仅能提升客户的体验感，同时也解决了"最后一公里"的问题，同时就近为客户提供当季美食、全球直采、母婴海淘、品质生活的精选商品、快递物流，以及各式便民服务，尽可能地为客户提供优质商品和服务来满足社区客户的需求。

对此，顺丰集团副总裁、顺丰商业总裁李东起在接受媒体采访时介绍说道："要把顺丰商业当作一个整体来看，顺丰集团做这个（顺丰商业）是一个线上线下的资源整合，我们希望做一个推进社区和消费，包含商品销售、运输、服务的全渠道运营者。"

在李东起看来，顺丰的商业事业群试图搭建一个全渠道的生态环境，以此来实现顺丰的商业布局。究其原因，顺丰的商业"野心"，非常宏大。李东起说道："线上线下渠道为主的整合，再加上快递、冷运、金融，我们可以为商家提供一个临近消费者的全面接触点。"

通过整合顺丰的相关渠道，甚至未来可以为企业提供派送员直销。李东起坦言："顺丰有21万收派员，现在一天一收一派，能接触一千万客户，这是非常重要的渠道。互联网+流通的无论哪个环节，顺丰商业都具有主导的能力。"正因为如此，顺丰意味着拥有巨大的商业潜力。

社区配送就是解决"最后一公里"问题

对于任何一种商业业态，其探索都必须付出相应的成本，尤其布局线下业务。例如，顺丰"嘿客"，从成立开始，不管是研究者，还是媒体，批评者多如牛毛。不管是门店客流量稀少，还是其自身的商业模式，以及诸多问题，都会被研究者、媒体、批评者吐槽。

为此，李东起回应道："'嘿客'虽然不能说完善，但这是顺丰商业发展的必要阶段。'嘿客'的成功是把收派服务和社区结合，把物流末端做进了小区，在这个基础上才有条件增加商业和服务功能。电商投诉很大的问题是预约配送，'嘿客'解决了这一难题。'嘿客'的战略意义远高于眼下的得失，外界看不到的（'嘿客'作用），对我们很重要。最末端的配送对成本的消耗程度业界共知，如果没有这些门店，空口说解决派件的最后一百米，又有什么意义？"

在李东起看来，如今的快递企业竞争今非昔比，这就需要更高的竞争态势才能赢得未来。李东起说道："没有线下店是做不成的，如果赋予顺丰商业更多的商业功能，必须增加客户体验，这一切都需要我们有实体店，而拥有实体店之后，商业衍生功能会有无限种可能，比如，有的客户会问，当产品卖出去之后，顺丰能否在一周后给做个回访？只有通过线下店的布局，提升消费者对我们的信任度，这些需求才有兑现的可能。"

正因为如此，顺丰才推出"嘿客"门店 2.0 版的"顺丰家"。在李东起看来，推出"嘿客"门店 2.0 版的"顺丰家"的目的，是"向更商业和服务为主的（模式）转变，结合社区的需求，来增加商业和服务的功能"。

不可否认的是，顺丰涉足线下业务，与其被动转型，还不如积极转型。在《"顺丰速运"转型"顺丰服务"的创新与变革》一文中，王卫写道：

最近两年，我在公司内部谈"转型"的次数比以往多了不少，而与过去安安心心做快递相比，在顺丰的版图中，的确多了许多新业务。

2012年6月，主打中高端食品的顺丰优选上线了，这标志着顺丰大举向电商领域进军；2013年，顺丰又开始在全国各地布局网购服务社区店"嘿客"，而在公司内部，也推出了电子商务、供应链等好几个事业部，并推出快递物流、电商物流、汽配物流、食品医药服务、金融保险服务、国际电商服务等更多综合服务，为客户打造一站式的综合物流解决方案。

其实，顺丰做合同物流并没有什么经验，但我认为这是现在必须做的业务，因为现在一些大的集团客户的需求已经发生了变化，他们希望把自己所有的物流服务都外包给一家物流公司，打通整个供应链。国际四大快递巨头今天的组织架构和商业模式，就可以作为顺丰未来中长期发展的参考。国内目前那种分散招商，大宗物流给一个供应商，快递给一个供应商，仓储、电商配送等又给一个供应商的操作模式，在不久的将来就可能会有所调整，因此，现在就必须投入资源去做好。

我们设想的目标是，5年以后，客户提起顺丰时，要用新的服务概念让其感受到顺丰不完全是做快递的，改口叫我们"顺丰服务"而不是"顺丰速运"。

接下来,顺丰要打造出一个"物流百货公司"的概念,客户有任何物流需求都可以过来找顺丰,这里能提供各种解决方案。"客户带着需求进来,顺丰要让客户满载而归",这是我们远期必须要达到的目标。①

在王卫看来,顺丰是"顺丰服务",而不是"顺丰速运"。正如《空中花园谋杀案》里的台词所言:"路易,你知道流浪猫和流浪狗的区别吗?流浪狗是被主人抛弃的,流浪猫是主动离开主人的。所以养狗的人比养猫的多,因为人们喜欢抛弃而不喜欢被抛弃。"

---

① 王卫:《"顺丰速运"转型"顺丰服务"的创新与变革》,[J],中关村,2014(12)。

第七章
顺丰转型，布局物流地产

> 最近两年，我在公司内部谈"转型"的次数比以往多了不少，而与过去安安心心做快递相比，在顺丰的版图中，的确多了许多新业务。
>
> —— 顺丰创始人　王卫

供应链金融

随着顺丰的规模化发展，遭遇中年危机的顺丰也开始经历自身的"成长的烦恼"。在转型突围的过程中，媒体的报道中似乎就不会客气地称之为"顺丰中年危机""顺丰转型阵痛""顺丰不顺"，等等。

媒体之所以这样评价，一方面源于其不是很乐观的半年财报，另一方面其股价也不容乐观，甚至有专家写道："收入增长还跟不上成本增长。"

面对如此局面，王卫一方面降低顺丰的各种成本，另一方面也在积极地寻找新的盈利增长点。在挖掘新的泉眼时，供应链金融进入了王卫的视野。

2015年，顺丰涉足供应链金融，同时也是王卫重点押注的新业务之一。当然，王卫之所以涉足供应链金融，是因为这是顺丰的属性决定的。

如前所述，1993年，王卫在广东创建顺丰，如今已近30个年头。其规模早已今非昔比——在北京、上海、广州、成都、武汉、沈阳和西安，建立了区域分拨中心；拥有中国50个重点城市上百个仓库；拥有数万个配送网点；拥有近两百万平方米的仓储面积；拥有全国2500个区县的覆盖率。

这组数据足以说明，顺丰构建的覆盖中国的仓储体系拥有其他竞争者不可比拟的优势。不仅如此，顺丰通过信息化、高科技和先进设备来提升其效率，有效地降低人工操作导致的误差；通过全自动分拣系统分拣货物，降低对人工的依赖；通过GPS全球定位系统跟踪车辆运输过程，配置调整优化运输车辆，从而降低过多的车辆购置成本。

在王卫看来，只有通过不断地强化基础设施的建设，有条不紊地进行网络建设优化，进行新技术、新设备的研发和应用，将各项成果有效地应用在流程管理中。例如，客户环节、收派环节、仓储环节、运输环节和报关环节的快件全生命周期、全过程环节。

顺丰通过覆盖全国的仓储配送网络，以及高度的信息化管理，拥有了海量的 B 端 C 端客户数据以及较为齐全的物流、资金流和信息流[①]的能力，为王卫涉足供应链金融提供了战略支撑。

供应链金融业务模式

2015 年，在王卫的指导下，顺丰集团成立金融服务事业群，并正式组建供应链金融部门。

据了解，这不是顺丰首次涉足供应链金融。对此，顺丰金融供应链金融部总监张慧在接受媒体采访时说道："顺丰其实早在 2013 年就从代收货款介入物流金融了，这也是大多数物流公司开展供应链金融的起点。"

其后，顺丰陆续推出四种供应链金融产品模式：订单融资、应收账款保理融资、仓储质押和信用贷款。

第一，订单融资。

据了解，顺丰提供的订单金融业务，主要客户是与顺丰

---

① 百度文库：《顺丰速递物流服务运作分析》，[EB/OL]，2016-01-19，https://wenku.baidu.com/view/dd2880f4376baf1ffd4fadb5.html。

多年深层次合作为基础。当顺丰客户与下游签订相关货物销售合同后，可能因为客户没有足够资金采购生产该笔货物的原材料时，客户可以向顺丰申请订单融资。

其后，顺丰向合作客户代付此笔采购所需的资金。不仅如此，顺丰还可以完成该批货物从原材料、生产到销售各环节的仓储、运输、配送。

第二，应收账款保理融资。

据了解，顺丰提供的应收账款保理业务，主要客户是顺丰针对供应链上存在应收应付的合作者。

由于该业务具有有期限长、门槛低和费用低三大优势，顺丰有其自身优势。具体的操作方式是，顺丰买断合作客户的应收账款后，采购合作者把货款直接支付到保理公司账户。

第三，仓储质押。

据了解，顺丰提供的仓储质押业务，是顺丰最早上线的供应链金融产品，主要针对提前在顺丰分仓备货的客户，通常提供额度为100万~3000万元不等的授信额度给客户。

对此，顺丰金融服务事业群供应链金融部产品经理张春红曾说道："这和电商近年来的高速发展有关，依靠互联网销售的电商越来越倾向于走轻资产模式，这让它们在银行更难获得贷款，而顺丰仓储融资可以满足它们的需求。"

在此项业务中，客户可以选择先款后货，或者先货后款，即先向顺丰申请贷款，将贷款采购的商品质押到顺丰仓库，再用销售回款还款，或者先将货物质押到顺丰仓库再贷款，利用销售回款偿还。顺丰仓储融资还实现了动态质押。在给客户提供融资贷款期间，仓储管理系统 WMS 监测客户每天的货品出入库情况和剩余仓储货品的价值，根据动态记录调整授信额度。[①]

第四，信用贷款（顺小贷）。

据了解，顺丰提供的信用贷款（顺小贷）业务，主要是与顺丰有较好合作且从事商品销售的实体经销商或电商客户。

当然，在此项业务中，顺小贷通常给企业提供5万～100万元的信用贷款。

做好风控之道

不可否认的是，对于任何一个快递企业来说，涉足供应

---

① 56 掘金记：《顺丰如何自救》，[EB/OL]，2018-10-09，https://www.sohu.com/a/258337958_100183344。

链金融必须做好风控。对此上海大学现代物流研究中心常务副主任储雪俭在接受媒体采访时坦言："物流企业开展供应链金融业务将成为行业发展趋势，但是需要有很强的风控意识，比如质押物选取、价值评估、平仓点选取、货物流向控制等。"

在储雪俭看来，风控决定顺丰供应链金融的成败。既然如此，面对供应链金融，顺丰如何做好相关风控？

第一，为了更好地做好风控，顺丰通过交易数据、物流数据、系统对接，以及评级监控系统实现整个供应链金融产品的设计与风控。

第二，多方借鉴一些主流平台对大数据的分析和应用技能，对传统银行的风控模型和评分系统设计加以研究，将其改进、应用到自己的产品上来。

第三，针对不同的融资模式，保持其独特的风控策略。例如，在仓储质押业务中，必须重视客户的采购信息、支付信息，以及货物的评估和验收，甚至还要做好仓储和运输环节的物品管控。又如，在保理融资业务中，顺丰必须详细地了解双方的供应关系、供应周期，以及分析和验证多维度数据。

当然，在风控问题上，顺丰拥有自己的优势，在其流程上，不管是前端的库存管理、干线运输，还是终端配送，顺丰都深度地参与和把控。对此，中国物流金融智库专家宋华坦言："物流属于被动的第三方行业，核心是物，有了物才有运货的需求。快递公司只有掌握合作客户的经营产品、产品畅销程度、市场分销和客户维系等数据，为其提供定制化的仓储运配服务，真正渗透到产业链条中去，才能实现供应链金融的可持续发展。"

在宋华看来，定制化的仓储运配服务是保证供应链金融可持续发展的一个着力点，这也是王卫涉足供应链金融的最大优势。

当然，为了更好地加强风控管理，顺丰通过战略联盟，实现其战略突破。2018年4月，顺丰宣布，顺丰控股和同盾科技合资成立北京顺和同信科技有限公司。同盾科技官网介绍如下：

同盾科技有限公司成立于2013年，总部位于浙江杭州，是国内专业的智能风控和分析决策服务提供商。同盾坚持AaaS（智能分析即服务）的风控理念，将人工智能与业务场景深度结合，为银行、保险、汽车金融、非银行信贷、基金理财、第三方支付、航旅、电商、O2O、游戏、社交平台等十余个行业提供智能营销、智能信贷风控、智能反欺诈、智能运营等服务。截至目前，已有超过10000家企业选择了同盾的产品及服务。

受客户信赖的同时，同盾也备受国内外顶尖资本、媒体、行业的认可，已获五轮共计数亿美金融资，并荣获2015年红鲱鱼全球科技创新100强、福布斯中国互联网金融50强、2017亚洲银行家"最佳云平台应用"、毕马威2017 Fintech 50、《亚洲货币》中国Fintech领导者大奖、拉姆·查兰管理实践奖等奖项，入选了CB insights全球Fintech"独角兽"榜单、2018达沃斯论坛上发布的"中国AI 50强"、入选分析咨询机构Gartner《2018年世界人工智能产业发展蓝皮书》等。

发展至今，同盾科技业务从中国辐射至全球，已在杭州、北京、上海、深圳、广州、成都、西安、重庆、新加坡、印尼等多地设立分支机构。同盾的团队中，超过80%的成员是人工智能、云计算、风险管理、反欺诈、商业决策等领域的资深专家。同盾希望凭借人工智能、大数据、云计算三大核心技术体系，赋能金融、互联网、物流、医疗、零售等行业，合纵连横建立智能商业决策平台，并最终实现"智能决策让生活更美好"的愿景。[1]

从官网介绍可以看出，同盾科技在反欺诈和智能风控上有很高的声誉。正因为如此，顺丰和同盾科技合资成立顺和同信，试图深度挖掘物流、信息流、资金流数据价值，目的就是提供物流行业、零售行业和供应链金融行业的风控和数据分析类产品及服务需求。不仅如此，顺丰同时还与怡亚通等八家供应链企业，合资创建供应链大数据平台，打造高效协同的智慧供应链体系，提高其竞争优势。

变革与优化

很多企业家不愿意转型，一个原因是他们总沉溺于过去的成功中。例如，柯达是世界上最先研发出数码照相技术的

---

[1] 同盾科技官网：《公司简介》，[EB/OL]，2019，https://www.tongdun.cn/info/company。

企业，由于死守胶卷业务，最终被日本的数码企业取代。为此，苏宁创始人张近东坦言："企业转型最大的障碍是很多人总沉溺于过去的成功。"

张近东的告诫，源自其管理实践。学者磐石之心高度地评价了苏宁，磐石之心撰文指出，"苏宁曾是民营企业第一名，海尔是中国白色家电领导者，万达是商业地产的标杆。这些企业都是诞生于改革开放之后的80年代，他们是改革开放红利的受益者。研究发现，企业只要不经历转型危机，它们总会迅速地爬上抛物线的最顶端。这三家企业无疑都是如此。成功令人眩晕，同时也会成为转型的包袱，这是几乎所有人都清楚的真理。然而从帝王到企业，再到个人，都普遍存在着'自我麻醉'的现象，也可以叫作'装睡的人'"。

的确，诸如此类的巨型企业，每次转型无疑是最为艰难的一件事情，特别是它们爬上抛物线的最顶端时。在这三个企业中，其转型面临同样的问题。由于自身的成功，特别是占据行业优势的情况下，自然会阻碍企业的积极转型，甚至还可能成为转型中最为沉重的包袱，因为转型最大的障碍，不是对未知的不确定，而是源于过去的成功。在这样的背景下，王卫开始了顺丰的变革尝试，由此拉开了顺丰变革与优化的序幕。

变革的内外部因素

在快递行业，直营和加盟，一直都是顺丰关注的两个点。当然，这样的讨论也会影响到顺丰的变革和转型。

面对市场环境发生的巨大变化，尤其是互联网+时代下的经营管理，如何适应新时代的经营模式，让顺丰继续保持前20多年的发展速度，已经成为王卫，以及顺丰高管必须解决的问题。

在顺丰集团副总裁、顺丰速运华东大区总裁徐前看来，解决顺丰发展的问题必须注意两点：

第一，外部因素。随着世界全球化的纵深发展、新经济浪潮，以及快递行业自身的发展阶段等因素。

第二，内部因素。顺丰经过20多年的发展，拥有了自身的竞争优势，当要变革时，可能会权衡得失利弊，包括环境、客户和自身发展。

目前的顺丰已经形成了以业务区为单元的网络式经营

管理模式。徐前之所以这样理解，是因为他于2016年才加盟顺丰。之前，徐前就职于银行，2003年徐前就职于渣打银行，2007年徐前就职于德意志银行。

2016年7月，徐前加盟顺丰，担任助理CEO。

正是因为徐前的此番经历，徐前介绍道："过去25年，伴随市场的拓展、经营网点的布局、客户的需求，以及顺丰特有的集、散货物需求，顺丰从华南到华东、华北、中西等区域一路走来，逐步形成了以单个地区为主体的管理模式。"

顺丰自身管理模式的形成，源于其发展历程。回顾顺丰的发展就能很清楚地知道。顺丰起步于华南，如今已经发展成为覆盖几乎所有县级以上城市的快递企业。

在这个发展的过程中，其实也是向下扩散的过程。因此，顺丰在拓展新地域的过程中，必须有所针对性。在不同地域，其客户行业不同，必须有不同的区域管理。

不仅如此，竞争对手也在跑马圈地式地构建其网络。因此，顺丰由此形成了60多个业务区的经营格局。

为了应对竞争对手的调整，顺丰开始通过拆分单元区域、计提制改革优化等管理手段，以此来提升顺丰的竞争力。在接受媒体采访时,徐前坦言:"地区管理模式的优势显而易见,比如了解管辖地域情况、与当地高度融合、能够管理好各项资源投放等。但与此同时,一些弊端也暴露出来,如按照历史发展轨迹拆分的单元区域之间产生的矛盾,无形中形成的区与区之间的壁垒等。"

徐前说道:"同时这样的设置,所产生的营运框架、客户服务体系、价格体系和客户实际需求脱节。有时候,我们没有按照最优的模式将快件送到客户手中,没有把资源投放到最应该投放的地方,导致一些地区自己算小账,忘掉算大账;自己开发客户,忘记了兄弟区的联动;自己去看资源的投放,忘记了客户的实际需求;更不要说人才流动受限等。因此江浙沪皖一体化经营体系就是要试图打破这些弊端,解决这些难题。不管是单元区还是板块制,在客户眼里,是没有所谓顺丰地区的概念的,客户看到的只有顺丰和顺丰提供的服务。"

尝试板块制

在当前,快递物流行业的两种模式:直营与加盟备受争议。作为直营模式的顺丰,一直采用重资产模式经营,必然购置大量的动产和不动产,这也是顺丰遭遇诟病的一个原因。

笔者却与很多研究者持相反的观点,笔者个人认为,顺丰的重资产模式将是在未来赢得竞争的关键,其理由是顺丰可以给客户提供极致的服务。虽然加盟模式拥有自身的优势,可以在整个流程环节中降低成本,甚至可以将成本压得很低,同时灵活性也很强,但是加盟模式也存在自身的弊端。

在直营模式中,总部高效的决策和执行落地、统一的服务和价格等,让加盟模式不可比拟。当然,直营模式的弊端也很明显,例如,营运体系较为庞大,动产和不动产费用较高,以及其他成本较高,人为设置壁垒等。

针对直营模式的弊端,徐前的解决办法是,把直营模式的劣势变成优势,即板块制是破解顺丰当前地区管理模式存在问题的有效方法之一。徐前说道:"不是说把地区取消就能解决问题,板块制对于地区来说,一定是'1+1＞2'的结果。"

据徐前介绍,在顺丰华东地区,华东16个业务区被划分成上海、苏南(含苏州、无锡、常州、南通)、苏皖(含南京、苏北、皖南、皖北)、浙北(含嘉兴、杭州、绍兴、宁波)、浙南(含温州、金华、台州)五大板块。

实施板块制,其初衷是实现华东中长期发展,原因是,板块碰撞、政策互通、资源共享、协同发展,能有效地让资源得到最大化配置。

徐前介绍称,江浙沪皖一体化的经营体系是顺丰打造华东16个地区的整体竞争力的动因。把哪些地区放在一起,主要的考核指标就是协同效应更高。徐前说道:"比如南京、苏北、皖南、皖北放在一起,单从营运优化的结果来看,之前安徽一票件要集到合肥,再往徐州等地,现在产生新的营运模式后,这些件不用再去合肥,直接去往徐州,在成本的下降、时效的提升等方面,都产生了明显成效,因此这几个区放在一起就比较合适。"

在徐前看来,在资源配置这块,必须全局盘活。倘若把苏锡常通4区盘活,就可以提升基于产业集群优势,营运模式更新、仓储建设,以及服务上海的能力。又如浙北板块(嘉兴、宁波、绍兴、杭州),其经济活跃度较高,一旦盘活后,其产生的效益就非常可观。再如浙南板块(金华、台州、温州),杨梅产量很大,由于以往都各自为战,当顺丰制定统一的标准、统一的价格后,无疑提升了杨梅产业的竞争力。

当然，盘活浙北和浙南板块，就必须发挥上海的作用。徐前说道："如何让拉动变得更加有效，对于那些总部在上海、生产基地在其他地区的客户，如何联动兄弟区做好协同，这是上海所要发挥的作用。"

在徐前看来，板块制是解决顺丰当下问题的一个大胆尝试，一旦板块制战略实施成功，就可以解决以下三个问题：

第一，资源投入更有效率。当各板块盘活后，顺丰资源的投入集中在市场、客户需求上，地区界限问题由此打破。

第二，提升顺丰产品的市场竞争力。之前由于各区自行结算，按照营运规则，一级、二级层层中转。当盘活板块后，减少中转次数，提升了车辆装载率，无疑就提升了效能。

第三，盘活人才流动与互通。由于曾经是因为地区间的相互限制，人才不可能真正的互通。当实施板块制后，"人财物全体系"盘活后，人才的相互输出和充分流动问题就迎刃而解。

探索板块制

在板块制实施中，也给顺丰带来新思考。究其原因，就是在华东板块制运行过程中，一方面充分地发挥了民主和各个地区的主观能动性；另一方面也激发了所有地区负责人的积极性，甚至一起"头脑风暴"，在相互沟通和交流后推选板主。

徐前说道："实际上，过去一年华东培养了很好的变革氛围，板块制不是谁拍脑袋拍出来的，而是16个区总在一起集思广益，举数据、摆事实、做研究，最后得出的结论，自然而然形成的五大板块。"

在徐前看来，五大板块的形成是基于团队力量的决策而成。不仅如此，虽然板块制解决了层级问题，但是华东16个区形成的五大板块的层级需要龙头拉动。徐前说道："上海是不是有这个能力和意识，要由它的考核去推动，比如怎么能让现有的绩效机制、人才储备等满足上海区发挥龙头作用，就要被提上议事日程，因此不光是给上海提出要求，更关键的是要给上海赋能。"

在徐前看来，板块制是通过自下而上的方式，尝试打破顺丰的一些框架和束缚。纵观中国历史，有一个很有兴趣的变革现象，无论何时何样的改革，近乎以自上而下的形式铺开，即以领导阶层主导展开的。例如，战国时期的商鞅变法、赵武灵王胡服骑射、新朝的王莽改制、北魏孝文帝汉化改革、唐朝的二王八司马改革，北宋王安石变法，明朝张居正改革，清朝洋务运动……

在此，我们来回顾一下商鞅变法的背景和成果。战国初期，秦国社会经济的发展落后于齐、楚、燕、赵、魏、韩六个诸侯国。面对大兵压境，秦孝公不得不把提升秦国实力，尤其是在诸侯国之间的争霸中处于有利地位和不被别国吞并提上日程，于是积极地引进变法人才，以此图强。

其后，秦孝公开始了影响中国上千年的变法——商鞅变法。商鞅以历史进化的思想驳斥了旧贵族"法古""循礼"的传统主张，为秦孝公推行变法做好了舆论准备。

经过两次变法后，秦国的旧制度被彻底废除，其经济蓬勃发展。经过一段时间的发展，秦国逐渐成为战国中实力最强的诸侯国，为后来秦王朝统一天下奠定了坚实的基础。

不可否认的是，变革不管对于国家，还是企业来说，其作用异常重要。正如徐前所言，"板块制并无经验可供借鉴，是一个循序渐进的过程，但只要在资源协同、人才互通、业务联动等方面有创新，有业绩和亮点呈现，就应该得到认可，同时要由下而上不断激发，不断总结，最终沉淀出一套东西出来"。

由于各业务区的情况不尽相同,甚至是迥然各异,仅仅凭借"一套方案行天下"显然是不行的。顺丰凭借自身的科技创新等手段,在"摸着石头过河"中,探索出符合顺丰发展的新路径。徐前说道:"因此当板块一旦打通,科技一来的话,是不是用一个大维度的管理会更加有效,这需要我们自己去琢磨和思考,目前还没有答案,这还需要检验公司整个科技的能力。未来会怎样?时代及一些内在发展的规律有时是无法阻挡的!"[①]

转型综合物流服务商

对于任何一个企业来说,转型战略都会由自身的业务和规模来决定,对于顺丰来说,也同样如此。

当顺丰积极在快递业务的基础上涉足多元化业务转型

---

① 张渭桥:《顺丰新玩法:"板块制"打破区域限制,盘活业务资源》,[EB/OL],2018-06-05,http://www.sohu.com/a/234179471_465189。

时，致力于打造全方位生态圈的顺丰，正在积极地加快创新的步伐，涉足基于新物流的产业集群，由此拉开了"基于物流、融通金融、流通商业"综合物流服务商的序幕。

当然，顺丰布局物流地产，与中国当下的加速产业升级、新型城镇化有关。究其原因，物流地产首先是顺丰战略布局的一个抓手，往往通过整合自然、社会、经济等相关资源推动区域产业的转型升级，有效地拉动区域经济的发展。

涉足物流地产

众所周知，不管是电子商务，还是实体零售市场，其快速扩张都可能是促进大型制造业基地建设的动力，这无疑成为电子商务崛起，且成为满足物流仓储设施需求增长的引擎所在，其在区域经济发展中起到举足轻重的作用。

面对如此局势，作为快递龙头企业的顺丰，布局物流地产显然是在提升自己的综合物流服务能力，挖掘更大的蓝海市场。

数据显示，2013年，顺丰涉足物流地产，创建产业园运营中心，通过"自建+合作"方式，布局全国。截至2018年

11月7日，顺丰已经完成布局34城，运营园区16个。

顺丰之所以涉足物流地产，是因为顺丰通过搭建产业园区，以此来承载和调动自身的内外部资源，有效地优化配置其资源。

2017年9月6日，顺丰速运有限公司与万科物流地产在深圳大梅沙万科集团总部签署战略合作协议。

根据合作协议称，"双方拟加强互动协调，充分发挥优势互补，在物流仓储、冷链探索、智慧化园区及商业配套等方面寻求战略合作。未来，双方将通过资源共享，在全国各城市的物流设施选址、投资开发、仓储租赁方面，进行深入全面合作；同时，在长租公寓、产品创新、中央家政、社区入口、智慧化园区、冷链物流等方面，双方也进一步探讨了新型模式及合作契机，为城市配套的发展和完善提供新的思路和解决方案"。

2017年9月11日，顺丰与普洛斯签订《战略合作意向书》，加深物流中转场、供应链仓储、冷链领域及物流设备金融等方面的合作。

2017年11月13日，顺丰与嘉民达成合作。2017年11月14日，顺丰对外宣称，顺丰与嘉民在中国香港特别行政区签署战略合作协议，共同合作开发建设仓储设施。

根据协议，通过知识共享，顺丰与嘉民双方开展物流仓储设施合作，确保顺丰速运拥有最为优质的物流和仓储设施。

顺丰与嘉民展开战略合作，共同开发建设仓储设施。不仅如此，顺丰还在频繁地与多家知名物流地产商"达成战略合作"。

在顺丰的战略合作伙伴中，除有万科物流、普洛斯、嘉民等知名度较高的物流地产巨头，还有顺丰与当地政府和企业共同投资的湖北鄂州国际机场。

建设物流园区

顺丰布局地产尤其是加强其物流地产的作用，一个重要的内因就是满足其业务自身的需要。要想提升自身的物流效率、有效地衔接物流的各个流程环节，构筑物流地产就势在必行。

因此，顺丰建设物流园区、拓展分拣中心、打造航空物流中心，旨在提升其竞争优势。

快递企业布局物流地产的初衷是一致的。根据《中国邮政快递报》报道，除了顺丰，圆通、申通、中通、韵达、京东、德邦、中国邮政和安能也在布局物流地产。

正当快递企业积极布局物流地产时，电器巨头苏宁也不甘落寞，高调介入物流地产。2017年11月13日，苏宁云商发布公告称，"全资子公司江苏苏宁物流与深创投不动产拟联合发起物流地产基金，投资公司拟建、在建及已建成高标准仓储物流设施，并寻求并购其他市场主体的高标准仓储物流设施。基金目标规模300亿元，首期募资50亿元，目标实现管理仓储规模1200万至1500万平方米。公司另拟择机出售阿里巴巴股份不超过550万股，即不超其总股本的0.22%，出售完成后在阿里巴巴持股比例为0.82%"。

相比苏宁，京东布局物流地产可谓是更上一层楼。数据显示，截至2016年年底，京东拿下全国15个城市390万平方米的土地，用途是仓库建设。其后的2017年8月8日，京东集团更是以38.5亿元的价格，购买北京亦庄经济技术开发区东路的两宗地块。2017年10月24日，京东房地产业务上线。

作为阿里系的菜鸟网络也不甘示弱，同样在中国建设自己的基地，目前共建设八大仓储物流基地。

第八章
远交近攻，出海亮剑

> 我们希望积极参与"一带一路"和粤港澳大湾区建设。根据"一带一路"政策，跟我们的客户一起"走出去"，是我们接下来重点投入的方向。目前顺丰的国际化业务增加比较快，但收入来源的90%以上还是来自国内。全球化布局是"0到1"的变化，这需要一个周期。当然，企业也可以通过资本合作加快布局。但我们还是希望比较稳一点，有的时候不要太激进，企业发展步伐要更稳健。
>
> —— 顺丰创始人 王卫

尝试国际化

随着世界跨国公司布局中国市场，退无可退的中国企业，不仅面临资金雄厚、技术实力超强的跨国企业的直面竞争，而且还面临境内对手的前后夹击。

曾经偏安的中国市场已经被跨国企业蚕食殆尽。为了生存和发展，拓展国际化市场也是必需的战略抉择。

20世纪90年代以来，华为、格力电器、海尔、TCL等中国企业开始尝试进行自己的国际化市场之旅，虽然历经艰难险阻，但是成功地挖掘了国际化这个蓝海市场。

其后，阿里巴巴、腾讯等中国企业又一次开始了自己的国际化之路。阿里巴巴以电商和支付宝为两个战略纵队拓展日本、韩国、马来西亚、印度、新加坡等国际市场。

与阿里巴巴不同，腾讯凭借 QQ 和微信拓展海外业务，不仅如此，腾讯加大了海外电商领域的投入，甚至花费 14 亿美元入股印度电商 Flipkart。

这仅仅是更多中国企业拓展国际化市场的一个缩影，其中就包括立志做"中国联邦快递"的顺丰。

顺丰加速国际化市场的拓展，源于中国企业国际化市场拓展的必要性和紧迫性。回顾当初，顺丰尝试国际化之旅，以跨境电商为起点。

2013 年 10 月，顺丰涉足泰国快递市场，为此，还专门开通了一条从中国到泰国的跨境配送专线。其后，顺丰在泰国成立顺丰泰国分公司及其曼谷分部。不仅如此，顺丰还在越南成立越南分公司。

如今的顺丰，已经全面铺开了东南亚的物流配送网，已经覆盖新加坡、马来西亚、越南、泰国四个国家。不仅如此，顺丰还在泰国，与中、日、韩、新、马、越亚洲国家实现双向快递服务，快递时效基本控制在 3~4 个工作日，其官网也已增设泰国站点，但使用英语而非本地语言。

顺丰之所以能够以如此快的速度布局东南亚市场，原因有以下两个方面：第一，顺丰占据地缘优势；第二，东盟的市场潜力。基于上述两个因素，顺丰果断拓展东南亚市场，无疑是抢占一个制高点，这对顺丰拓展其他国际化市场，至少是一个可以参考的范本。

海外机会与国内竞争

随着移动互联网的普及，中国跨境电子商务的快速崛起，这为包括顺丰在内的中国快递企业拓展国际市场打下坚实的基础。

数据显示，2014年，中国快递业务总量连续4年稳居世界第一，年业务量超过世界总量的45%，中国贡献了超过世界快递增长率一半。

即使到如今，中国快递业务量依然很大。究其原因，从中国主流快递的业务增速分析，中国快递业务持续保持稳定增长，没有放缓迹象。中国国家邮政局公布的数据显示，2018年1~11月，全国快递服务企业业务量累计完成452.9亿件，2017年全国快递服务企业业务量完成400.6亿件，其增速较为明显。

虽然中国快递保持高速增长势头，但是同样难掩竞争日趋激烈的趋势。2018年5月31日，阿里巴巴创始人马云参加全球智慧物流峰会，并发言说："我们将投入上千亿元，如果一千亿不够，那我们就再投资几千亿。要将中国占GDP 15%的社会化物流成本降到5%以内。"

在马云看来，致力于降低中国物流成本是阿里巴巴的使命，同时也看中了其中的商业价值。对于这块巨大的蛋糕，觊觎的人远不止马云，一直构建自主物流体系的京东创始人刘强东也在积极涉足。2018年10月18日，京东物流对外宣布，京东物流正式涉足个人快递业务。

京东涉足个人快递业务，其布局意图清晰，都是在抢夺高端快递市场。基于此，顺丰必定遭遇重重阻击战。

在王卫看来，既然国内市场竞争激烈，尝试拓展国际市场就是一种必要的战略选项。"走出去"就是为了更好地活下来。

与中国国内快递市场快速增长相比，中国国际快递的增长前景更加广阔。根据国家邮政局发布的数据显示，2018年1~10月中国快递业务量中，同城业务量同比增长23.9%；异地业务量同比增长27.1%；国际/港澳台业务量同比增长38.4%。

中国物流学会特约研究员杨达卿在接受《中国经营报》记者采访时分析认为，虽然中国境内的快递市场竞争激烈，但是中国中产阶级的强势崛起，其消费能力为中国快递国际化提供机遇。

研究发现，在国际快递业务拓展上，顺丰布局更早。顺丰相关负责人在接受《中国经营报》记者采访时介绍称，自2010年起至今顺丰在新加坡、韩国、马来西亚、美国等十余个国家成立了营业网点。2016年12月开始，顺丰正式获颁国际航空运输协会会员证书，顺利成为国际航协会员。2018年，开通了日本、美国、印度和新加坡航线。[1]

顺丰之所以积极国际化，一方面可以减少中国国内快递市场的竞争压力，另一方面顺丰还有自己的盘算。正当中国企业积极地进行全球布局时，顺丰因此也在中国企业国际化过程中获益。

顺丰国际化有着自己的更深层次布局，不仅可以整合DPDHL中国内地、香港和澳门地区的供应链，还可以全力建设鄂州机场。众所周知，王卫的战略意图很明显，那就是

---

[1] 赵越，童海华：《顺丰出海记：对标老巨头差距显著　新兴市场潜力巨大》[N]，中国经营报，2018-12-30。

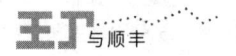

在未来，顺丰凭借鄂州机场为中心，打造一条覆盖全国、辐射全球的航线网络。

"轻重结合"

虽然顺丰国际化较早，但是国际化之路依旧困难不少。在杨达卿看来，除了需求端外，中国民营快递国际化优势并不明显。

中国物流学会理事徐勇在接受《中国经营报》记者采访时坦言："目前我国国际快递市场被世界三大快递占领。而从世界快递市场来看，低端市场被各国邮政把持，高端市场被世界三大快递占领。如果我国相关企业想要在国际快递市场占有一定的份额特别是撬动既有市场，需要付出很大代价。比如，要做好烧钱的准备。"

相比世界三大跨国快递企业——DPDHL、联邦快递和美国联合包裹运送服务有限公司（简称"联合包裹"）的规模和营收，顺丰的差距依然不小。

根据《财富》杂志发布的2018年世界500强公司榜单显示，DPDHL排名119位，营业收入为705亿美元；联合包裹排名138位，营业收入为659亿美元；联邦快递排名180位，营业收入为603亿美元。

例如，联合包裹与联邦快递占据美国快递市场大约85%的份额。在欧洲，DPDHL拥有强劲的势力，其中约70%的营业收入来自海外。不仅如此，三大跨国快递企业仍然保持较高增速。数据显示，2017年，联邦快递货物吨公里（FTK）达到168亿美元，同比增长7.2%。

根据2018联邦快递财年第四财季报告显示，该公司营收173亿美元，同比增长10%，营业利润约15亿美元。这组数据足以说明联邦快递强劲的爆发力，其扩张势头不减，2017年中期，联邦快递订购了12架波音767F货机和12架波音777F货机。

根据顺丰的财务报告显示，2017年，顺丰全年营收710.94亿元，同比增长23.68%；净利润47.71亿元，同比增长14.14%。

与三大跨国快递企业——DPDHL、联邦快递和联合包裹相比，顺丰的营业收入仅为其六分之一左右。值得称赞的是，目前顺丰已拥有49架专属飞机。与联邦快递的600余架专属配送飞机相比，顺丰的差距依旧明显。

为了缩小差距，顺丰采取灵活的国际化战略。在拓展海外市场时，顺丰通过"轻重结合"的经营模式，在末端根据不同的情况自建，投资或是寻找战略合作伙伴；比如在东南亚等近端市场，主要设立分支机构和自营网点；而在远端市场，主要是与国际巨头和当地快递服务类企业合作。[①]

为了有效促进顺丰的国际化，顺丰还建立了合资公司。2017年5月26日，顺丰与联合包裹双方共同创建成立环球速运控股有限公司，持股比例为50%。目前，联合包裹已覆盖全球124个国家和地区。

"农村包围城市"

在国际化战略中，不管是华为，还是格力电器，抑或是顺丰，都通过"农村包围城市"的战略来拓展国际化市场。这样的观点得到中国物流学会特约研究员杨达卿的认可。杨达卿在接受《中国经营报》采访时说道："从投资市场看，东盟、南亚、俄罗斯、非洲市场都是高增长的国际快递市场，

[①] 赵越，童海华：《顺丰出海记：对标老巨头差距显著 新兴市场潜力巨大》，[N]，中国经营报，2018-12-30。

也是欧美日国际快递巨头扎根不深的市场。"

在杨达卿看来，欠发达地区往往是顺丰等中国企业推进国际化战略的地区，例如，印度市场。据印度工商部的印度品牌资产基金会（IBEF）预测，到2034年，印度网络用户有望从2017年的4.75亿人增长至8.3亿人。

这组数据显示，电子商务将驱动印度的经济增长。该机构预测，到2020年，印度互联网经济的规模大约为2500亿美元。其庞大的电子商务市场无疑催生印度快递业务量的成倍增长。

这样的观点得到顺丰的印证。顺丰举例称，在2018年的中印专机方面，顺丰的业务量相对增长明显，除了助力提升小米高效的物流体系外，还在2018年11月15日成功地将印度8吨心肌梗塞药品以国际冷链形式运到中国，实现首例顺丰国际医药解决方案。

对于新形势下的国际化战略，顺丰相关负责人在接受《中国经营报》采访时说道："2019年顺丰将加速国际化进程，除了现有的航线，还会继续开通新的线路，包括中东、印尼和东南亚等新兴的线路。"

当然，作为全力布局国际化的顺丰来说，不仅要与国际跨国快递企业展开直接的竞争，同时还需要在拓展国际化快递市场中找到突破口，稳扎稳打且站稳脚跟。

借力"一带一路"

在顺丰的国际化征途中，王卫借助"一带一路"政策，拓展其沿线国家市场。顺丰在过去的 3 年时间内，其国际业务同比增长高达 70% 以上，业务覆盖多个"一带一路"沿线国。2016 年"双十一"期间，由顺丰承运的跨境电商包裹中，件量排名前六位的地区依次为俄罗斯、欧盟、乌克兰、美国、白俄罗斯、巴西，其中 3 个地区属"一带一路"沿线国家。[①]

顺丰之所以能够获得如此业绩，是因为早在"一带一路"倡议提出之前，它已在海外布局多年，只不过此次让之前的

[①] 徐雯：《顺丰出海记："一带一路"是开拓国际市场的捷径》，[EB/OL]，2017-05-18，http://finance.sina.com.cn/chanjing/gsnews/2017-05-18/doc-ifyfkqiv6511101.shtml。

耕耘开花结果。

顺丰的国际化战略契机

在中国企业的国际化战略中,尤其是近几年的跨境电子商务,庞大的需求激活越来越多的中国企业走出去。

随着跨境电商的爆发式增长,催生了物流业火箭般的发展速度。2013年9月和10月,中国国家主席习近平分别提出建设"新丝绸之路经济带"和"21世纪海上丝绸之路"的合作倡议。

当中国以更加开放的姿态融入世界时,带来一个新时代的全球融合以及巨大的商业机会,包括物流快递行业在内的中国诸多企业迎来了自己的国际化战略契机。

相比中国的其他物流企业,顺丰国际化战略启动得更早。2009年,专注于快递业的王卫觉察到国际快递业务的商业价值,并开始有条不紊地搭建国际快递业务的基础架构。同年,阿里巴巴旗下的淘宝"双11"促销开始首秀;2010年,顺丰在新加坡设立营业网点,吹响顺丰拓展国际化市场的号角。

其后，顺丰全力深耕国际化市场，相继开通新加坡、马来西亚、泰国、越南、韩国、日本、澳洲、美国、蒙古、印尼、印度、柬埔寨、加拿大、墨西哥及缅甸等51个国家的快递服务，网点覆盖了多地华人集中的社区，主要提供包括国际标快、国际特惠、国际小包、保税仓储、海外仓储、转运等不同类型及时效标准的进出口服务等。

顺丰国际化市场的业务增长速度惊人：过去3年国际业务的增长率超过70%；规模从2.7亿元飙升到2016年的11亿元，尽管占总营收不超过2%，但2016年同比增长超过300%，是顺丰目前增长最快的业务。现有客户约9.3万个，超百万客户达120个。[①]

当然，顺丰能够取得如此成绩，离不开王卫独到的战略判断。在王卫看来，中国推出"一带一路"的开放政策，势必加速中国企业融入世界。

当习近平主席提出"一带一路"倡议后，王卫果断地加速国际化战略，加快国际化市场布局的步伐，目前服务范围已经增长至200多个国家及地区。

---

① 徐雯：《顺丰出海记："一带一路"是开拓国际市场的捷径》，[EB/OL]，2017-05-18，http://finance.sina.com.cn/chanjing/gsnews/2017-05-18/doc-ifyfkqiv6511101.shtml。

顺丰控股副董事长林哲莹在接受媒体采访时说道:"顺丰上市以后,国际化肯定是一个重中之重。"

在林哲莹看来,顺丰开启国际化战略,关键是源于顺丰自身需要:第一,客户需要顺丰提供又快又好的国际服务;第二,"一带一路"提供的商机让顺丰多了很多市场机会的选择和把控。

林哲莹解释道:"这几年,我们可以看到国家'一带一路'的政策效应已经明显地体现在顺丰的业务中,'一带一路'的倡议和国家战略的实施,使我们开辟国际市场走了一些捷径,我们在欧洲设的海外仓、在东南亚设立的分支机构都得以很快落地实施,我想这个除了企业自身的努力,跟国家富强、国家的战略定位、政策效应都是息息相关的,民营企业确实可以在国家的大政方针下得到一些实惠。"

在顺丰国际化过程中,还与他国邮政合作。林哲莹以顺丰和爱沙尼亚邮政的合作为例介绍道。爱沙尼亚是一个东欧国家。2015年9月,顺丰与爱沙尼亚国家邮政公司共同组建合资快递公司,负责将东北欧地区消费者网购的中国商品快速运至爱沙尼亚、拉脱维亚、立陶宛、芬兰、俄罗斯和该地区其他一些国家。①

正是"一带一路"倡议,给顺丰提供了一个与主权国家合作的机会。对此,林哲莹直言不讳地说道:"除了企业自身的努力跟商业谈判,我觉得还是因为看到了中国的强大。"

林哲莹之所以有此体会,源于其国际化市场的开拓:"原来以为国家的战略就是一个号角的作用,但现在看到这么多务实的机制作为保障,觉得心里挺踏实的,国家在'一带一路'的布局比较周全,把企业所面临的困难考虑到了,让我们走出去更有底气、更有保障,剩下的工作就是企业把自己的商业能力跟国家的战略配合好,国家做好国家的,企业做好企业的。"

挖掘"一带一路"沿线国家市场

国内与国际的经济环境促使中国企业国际化箭在弦上,而"一带一路"成为一个中国企业国际化战略的助推剂。在之前,包括王卫在内的物流企业经营者,都在想方设法地捕

---

① 徐雯:《顺丰出海记:"一带一路"是开拓国际市场的捷径》,[EB/OL],2017-05-18,http://finance.sina.com.cn/chanjing/gsnews/2017-05-18/doc-ifyfkqiv6511101.shtml。

捉国际化市场的机会。

林哲莹坦言:"其实按照生产力布局,如果没有'一带一路'倡议,我相信很多点是不符合做物流节点的布局的。但是因为有了'一带一路'倡议,给了我们过去看似没有机会的机会。"

在中国境内,顺丰是中国快递行业的一个名副其实的隐形冠军,拥有较强的口碑度,但是在国际化征途中,相比国际四大物流巨头的美国联邦快递集团(FEDEX)、美国联合包裹运送服务公司(UPS)、德国敦豪国际公司(DHL)和荷兰天地公司(TNT),顺丰顶多算是跟随者,不仅规模小,其量级尚且轻。

顺丰的国际化意味着与美国联邦快递集团、美国联合包裹运送服务公司、德国敦豪国际公司和荷兰天地公司短兵较量。

在中国境内,主场作战优势更大,但是作为后来者,顺丰与美国联邦快递集团、美国联合包裹运送服务公司、德国敦豪国际公司和荷兰天地公司同台对垒,其策略就有所改变。

对此,林哲莹介绍说道:"中国市场培育了顺丰,让顺丰壮大到可以跟四大国际快递平起平坐、争夺市场。我们有足够的财力、足够的能力去实施国际化，国际化是需要财力、实力做保障的，不是想象的那么简单。"

林哲莹认为，顺丰与美国联邦快递集团、美国联合包裹运送服务公司、德国敦豪国际公司和荷兰天地公司竞争，必须用好"远交近攻""轻重结合"战略。

所谓"轻重结合"是指长期以来顺丰在中国境内，尤其是内地全部自营，同时也在进行相应的资产配置，除了购买车辆、飞机等，现阶段还在建设亚洲第一、全球第四的纽约航空，经营策略相对更"重"。但是在国际化过程中，尤其是海外地区，其市场和文化经济都与中国境内不同，且存在诸多的不确定性。为此，顺丰采取了加盟等不同的国际化战略。即采用直营模式的区域有类似东南亚临近区域或者华人文化基础比较广泛的国家；采用合作模式的区域有欧美等遥远地区，主要是在当地与快递企业或者国际巨头合作。

林哲莹解释道："用我自己的理解来讲，远的地方我们用市场交换的方式，我来帮他搞定中国市场，他帮我搞定当地市场，我们叫市场换市场。"

据林哲莹介绍，在未来顺丰国际化过程中，也不排除通过资本层面的深度合作的战略实现顺丰国际化战略，最终实现市场互换。

在国际化过程中，顺丰布局"一带一路"沿线国家选择物流，顺丰更看重的还是其商业价值。林哲莹坦言："我们还是保持比较清醒的头脑，哪些是可靠的合作伙伴，哪些国家贸易政策相对比较稳定，我们会去做，不会参与投机的行为，海外布局方面更注重效益。……比如像印度尼西亚这样的岛国，我在布局的时候会结合顺丰的能力，如果无人机的能力还没形成，我不会去布局，如果无人机形成了规模性营运，我第一个考虑的就是印度尼西亚，我会出重手布局，解决它自身解决不了的问题，这恰恰是我们的优势。"

在林哲莹看来，拓展"一带一路"沿线国家市场，是因为物流互联互通无疑成为沿线国家关注的重点方向。作为物流企业的顺丰，尽可能地挖掘该板块的价值。对此，林哲莹在接受媒体采访时说道："跨境电商这方面的市场增长给我们提供了机会，我们应该把握这样的机会，我认为这会是顺丰一个新的增长点。我们的海外业务方兴未艾，预计未来国际业务仍将保持成倍增长。"

附 录

顺丰王卫内部讲话（一）

关于顺丰目前面临主要经营问题的几点意见

今年以来，公司经营出现了比较严重的问题，集中表现在两个方面：一是收入增长放缓。2012年6月份，收件同比增长24.2%，比去年同期（42.85%）低19个百分点；收入同比增长32.21%，低于去年同期（39.29%）7个百分点。与此同时，整个行业却仍保持高速增长，2012年上半年，行业收件同比增长51%，收入同比增长39.7%。我们的增速（收件29.9%、收入35.4%）明显低于行业水平。收入增长放缓，且低于行业增速，意味着顺丰市场占有率下降（内地收入市场占有率从2011年6月的28.19%下降到2012年6月的26.7%），面临着十分严峻的经营形势。二是盈利能力下降。自2010年4月起，公司的成本增速开始高于收入增速，成本线与收入线之间的差距越拉越大，直到2012年6月，成本线依然处于收入线的上方，成本费用增幅高于收入增幅意味着我们在提升资源效能，促进各项成本费用投入合理性方面没有有效措施，盈利能力受到极大挑战。

为什么会出现以上问题？我们应当如何应对？我要谈几点看法：

一、意识保守僵化，缺乏活力

1. "靠天吃饭"的惯性思维在继续。过去几年公司业务一路高速增长，各级管理者习惯了把主要精力放在内部，闭门苦练内功、漠视市场变化和客户需求的心态很多同事习以为常，总认为内部管好了就不愁业务。但是随着外部形势变化，这些惯性思维明显不合时宜，正在阻碍公司的发展。

2. 不求有功，但求无过。创新很难吗？我们的管理者水平不够，无法创新吗？都不是。归根结底，是我们自己害怕创新，怕犯错、怕承担责任。久而久之，这种不求有功，但求无过的想法成了主流，创新纯粹变成了口号。

3.内部工作氛围每况愈下。管理层缺乏使命感，"多一事不如少一事"，不愿开口说话，导致消极的工作状态逐级向下传导，跨部门沟通隔阂、推诿，这一情形仍在蔓延，使内部工作氛围每况愈下，给企业带来巨大内耗。

这些意识层面的问题使我们面对的困难雪上加霜，怎么办？希望大家清醒地意识到：当前的经营形势不容乐观，我们正在丧失应有的市场份额。管理层必须树立以市场为导向、以客户为中心的经营观，解开思想枷锁，从"总部让我做我才做"转变到"总部没有禁止的，我都可以做，总部要帮我做"；鼓励在"不违反法律、不偏离战略"经营底线内的创新。

二、没有建立起"以市场为导向、以客户为中心"的工作体系

1.不了解市场。今年以来出现了大面积无法完成收入预算的情况，历次分析都归过于经济形势不好；那为什么行业增速又很好呢？究竟是经济形势不好，用快递的人少了；还是我们的服务跟不上，用顺丰的人少了？

2. 漠视客户的需求。请问管理层有几个知道自己最重要的客户是谁？有没有跟这些客户保持面对面的交流，了解他们对顺丰的服务需求？有没有检视几年来顺丰的服务是否具有实质性的提升？有没有试图通过努力成为客户唯一的快递服务商？

3. 竞争对手研究浮于表面。我们向来只把国际快递巨头或"四通一达"视为竞争对手，进行简单的动态信息摘录，对经营决策几乎起不到辅助作用。事实是，在不同的市场分层中，我们面对不同的竞争对手。以重点大客户开发为例，我们发现国内大型企业的物流和快递供应商往往是一些小公司、货代公司，他们在客户处拿到了"总包"业务量，再把部分甚至大部分业务"转包"给顺丰，这些公司的服务其实是在向客户提供"解决方案"，靠大脑吃饭；顺丰则不幸沦为搬运工，靠体力吃饭。我们在目标客户、目标市场上的竞争对手究竟是哪些公司，他们报价、运作、服务、管理是怎么样的，客户为什么会选择他们而不是我们，这些问题都是需要去深入了解和分析的。

我认为解决的方向是：（1）建立广泛了解客户需求，及时满足客户需求的工作机制。十几万员工就是顺丰的眼睛和耳朵，倾听顾客的声音，管理层则要倾听员工的声音，使好的想法变成新的服务、更好的服务。（2）要以提供"一揽子解决方案"为目标，为大客户提供一站式的服务，改变客户结构，丰富产品服务类型，让大客户的收入贡献成为收入结构的主体，而不是把需求还给客户、交给竞争对手。参观新加坡横河电机的经历让我们很多同事感到震撼和启发：从完全定制化的需求出发去拉动生产是可行的；在标准化的平台上是可以实现定制化的服务的；为客户提供定制化服务并不是对员工素质提出了超高的要求，而是要在系统集成、流程设计、企业文化上下功夫。（3）要以为客户实现价值来检验我们的质量管理，不能再像过去那样把质量管理简单地等同于失误率指标，而要从客户需求出发，以提升管理质量为手段来实现质量的提升。

三、"顺丰能力"未能创新转化为"顺丰机会"

1. 强大的营运能力未能转化为市场份额。公司的营运优势（如时效管控处于行业领先，庞大营运资源衍生的终端配送优势等）没有整合、提炼成解决方案，去满足客户需求。以时效为例，某大型 B2B 客户同时选择联邦和顺丰为物流供应商，主要考虑"顺丰没有时效承诺而联邦有"，但使用中客户却发现其实顺丰的时效比联邦更快。这种例子还有很多，一方面，我们自上而下推动非常费力，不知道能卖给谁；另一方面，大量客户为需求苦恼，却不知道"顺丰有"或"顺丰可以有"。

2. 没有基于品牌优势创新服务模式。顺丰经过多年积累，在客户中已建立起可信赖的品牌形象，我们的品牌力是有竞争力的。以"特色经济"代购为例，客户在选择这种服务的时候，顺丰不单是可信赖的运输途径，更是为客户选购并对产品品质作保证的可信赖品牌。由此不难想象品牌价值在快速消费品市场为我们带来的巨大潜力。

3. 没有通过服务创新去建立与客户"血肉相连"的关系。现阶段国内客户对服务创新的需求并非高不可攀。我们如果能在现有能力基础上做小幅度的改进和延伸，就可以率先令客户满意，提升客户黏性，与客户"血肉相连"。例如我们对电子商务的服务模式，就可以通过研究市场上的"落地配"服务，整合自身的营运操作、仓储服务、系统对接等能力，打造一个具有强大竞争力的开放服务平台。

要打破这种被动局面，我们需要从以下方面着手：(1) 战略澄清。澄清谁是我们的客户、谁是我们的竞争对手，我们擅长做什么；哪些是我们可以把握的市场机会、哪些市场份额是应该获取和能够获取的；怎样去获取这些机会和份额。这些战略层面的问题在公司内部认知模糊，直接导致创新中的畏手畏脚。（2）决策程序。目前的产品设计工作方法亟须改变，产品设计应符合或引领客户的需求，必须经过严谨的商业逻辑论证。每一个产品的策划，至少先回答三个问题：目标客户是谁（以确定市场容量和销售对象）、竞争对手是谁（以检视竞争优势和制定营销策略）、自己能力如何（以设计营运模式并确定盈亏平衡点）。（3）组织分工。职能、经营职责分工调整，使我们增加接触客户的机会，具备更专注面对市场、服务客户的能力；需求管理机制的建立，为经营中的创新需求提供便捷通道；请大家进一步理解和善用这两点。

四、利润来自规模效应、资源效能、流程效率、技术工具

顺丰管理层普遍存在一个错误观念"利润是省出来的"。一强调利润率，大部分经营者马上就想到甚至只会想到控

制成本、控制投入。这是非常错误的利润观，只考虑眼前利益，以牺牲投入来换取好看的利润率，丧失了可持续发展的动力。

我们需要认识到：公司的每一个职能部门、每一个经营单位都是利润的责任部门，区别只在于大家对利润负责的方式不同。经营单位要具备正确的利润观念：在经营决策中，要考虑投入与产出的关系，通过深入研究区域市场特征，掌握客户需求，通过引领创新发展等方式不断提升投入的有效性，从而创造利润。职能部门应当具备正确的利润观念：不能靠地区"省钱"来优化成本，而要靠职能本部在更高的层面，更大的范围来统筹考虑如何提升资源效能；每一个职能部门对各自负责的资源投入标准负责，兼顾质量与成本的关系，通过精简优化流程、投放工具设备、升级技术系统等方式不断提升资源效能，从而创造利润。

五、改革组织绩效管理机制，建立绩效激励与问责机制

1.解决激励不够的问题。明年我们会彻底改革目前这种拿年薪、"吃大锅饭"、比国有企业还国有企业的薪酬机制。把工资与效益奖金分开，工资与岗位价值、服务年限等挂

钩,效益奖金与收入目标、核定利润率挂钩。

2.解决压力不足的问题。我们将提升明年收入目标的合理性,不再放任各业务区根据历史数据对增长率简单递减来做预算,而是会在同比的基础上,根据各区的市场总量、市场占有率、公司的发展战略来确定经营目标,做定期回顾和评价,在同类地区间经营结果表现最差的地区,总部会问责并要求限期整改,仍不能改善的会淘汰。

今天我们面临严峻的经营形势,有"危"更有"机",重重压力只会令顺丰迸发更大的能量。"今日的选择造就明日的顺丰",与各位同人共勉。

顺丰王卫内部讲话（二）

2014年是顺丰成立20多年以来创新变革最多的一年，成立了很多事业部，开创了很多新业务，同时业务总量也有了一个爆发式的增长。不过，虽然创新很多，但是在我看来，差不多有一半是不成功的。不成功的原因主要是我们的前期准备、规划不够充分，表现在：

一是人才准备不足。我们进入一个全新的领域，必须对这个领域方方面面的人才做好准备，而在这方面我们是有所欠缺的。

二是承接落地出现偏差。我们都是统一用大网来承接新业务落地，这样就出现一个两难的尴尬局面——一方面，新业务对于原来的人员来说，难度太大，需要改变的太多；另一方面，花大力气推广新业务，又会影响到传统业务的服务质量。

总的来说，2014年我们算是打开了一个全新的局面，但是离真正的成功还有一段相当长的距离。不过有了这一年对各项新业务的学习和探索，2015年对一些不足的调整、对一些业务的优化更加明晰，前进的步子也会迈得更稳。

一、你所以为的"经验"不是"宝"，很可能是一种"包袱"

在2014年对新业务的探索或是转型过程中，所有同事的态度、看法和自我转型的程度是我最看重的。我们没有从外部引进太多专业人才，而是把许多机会留给了内部员工，就是希望我们自己的员工能够尽快成长起来，多掌握一些适应变革需要的新技术，进而在新的机会当中让自己的事业更上一层楼。

但是在这个过程当中，我觉得我们的很多同事背负的包袱太重了，限制了自己的发展。这个包袱就在于，过去我们是单纯地送快递，大家都习惯了这套思路和做法，不自觉地就把这一套做法套用到新的业务领域。我曾经对很多同事说，别把以前的经验当作"宝"，你所以为的"经验"很可能是一种"包袱"，我们进入一个全新的领域，都要有归零的心态。背负太多"包袱"，我认为是制约我们2014年新业务发展的重要原因之一。

我比较看重的第二个层面就是顺丰的文化。一直以来，我们引以为豪的顺丰文化，是一种尊重文化、一种包容文化。但是在一些新的业务领域，很多同事带着顺丰的品牌过去，却不自觉地流露出一种自负的感觉。这种"自负"让客户包括外面的很多人感到不舒服，别人对你的第一感觉就是井底之蛙、夜郎自大。不是自信而是自负，这让我感到惊讶，也很疑惑，怎么顺丰培养出来的人会这样？我们的很多新业务还都处于摸索阶段，应该很谦虚地去向别人学习，去跟客户探讨，而不是自以为是大企业就扮专家，让外界对顺丰留下不好的印象。

第三个层面就是在管理上对新业务有点失控。新业务的一些特点和操作模式要从头开始学起，这个我能够理解，但是在一些很基础的层面犯错误就让人难以接受了。

在这方面我也在反思：第一个反思是我们的团队为什么会犯这些低级错误；第二个反思是整个集团在日常运作中为什么没能够及时发现这些问题的苗头，防患于未然。要知道，哪怕是一些很微小的错误，时间长了也会引发大问题，从而让公司错失市场机会，造成较大损失。

二、今年的客户满意度？反正我是不相信的

越是在公司业务量高速发展的时候，越是对服务质量不能掉以轻心。一直以来我们都坚持用不同的方法，从不同的渠道去获取客户的真实声音。但是从目前的情况看，客户声音获取、提炼的方法以及最终呈现出来的数据的真实性，是有问题的。

不管是月度还是年度，从单纯的数字来看，都很亮眼，但是说实话，我并不能真切地感受到我们的服务质量在提升；相反，我认为我们的服务质量在下降。

这件事对我来讲，是一个非常沉重的打击。我们顺丰一直把诚信作为员工的基本行业准则，为什么公司内部的一些报表、数据还会出现作假的情况？这个实在是让人难以接受。在这种情况下，我认为我们今年所谓的客户满意度上升是有一定水分的。这些数据，不管你们信不信，反正我是不相信的。

出了问题必须改善。如何改善呢？我认为，从客户那里获取的声音必须及时、真实、准确，不然的话我们就不知道客户的真实需求或遇到的实际问题，改善服务也就无从谈起。另外，如果连客户的声音我们都不清楚的话，接下来我们又如何能推出更优质或者是附加值更高的新产品新服务，进而会影响到整个公司的战略目标的达成。

所有人都喜欢看好看的数字，但是如果这些好看的数字不真实，反映不了实际情况，那么它的存在又有什么意义呢？我们不需要自欺欺人，更不能对自我进行精神麻醉。真实的口碑来自好的服务，顺丰从成立到现在，差不多有十八九年是没有销售团队的，业务推广靠的就是口碑，客户的口口相传是我们最有影响力的销售模式。现在专业的销售团队已经成立三年多了，但是我们是不是把自己的口碑，口口相传的精神遗弃掉了呢？这是所有顺丰人都需要反思的。顺丰的品牌价值必须靠服务质量做支撑。

三、靠出卖劳力搬货不是顺丰的终极宿命

有人问我，在公司转型过程中遇到的最大难题是什么？其实在我看来，最大的难题既不是公司30多万人的管理问题，也不是转型过程中的策略方向问题，而是在目前公司利润稀薄的情况下，如何才能在降低前线员工劳动强度的同时又能够保证其收入甚至提高收入的问题。

快递行业是一个比较辛苦的行业，前线收派员同事的日常工作尤其辛苦，如果我们不能从出卖劳力赚钱的传统模式中解放出来，那么顺丰就不算真正蜕变成功。2014年我最大的遗憾就是没能在这方面推出一些好的解决方案。希望2015年不仅能出方案，还能开始落地执行，进行试点。我真的不忍心看到我们的员工过于奔波过于辛苦。

为什么从2014年开始，我们要尝试很多新的增值服务，有些同事可能没真正领会公司的战略意图，其实我们是想寻求新的业务模式来创造更多的效益，然后压缩一线员工的工作时长，降低其劳动强度，而不是想一出是一出，故意来折腾大家。我一直认为，靠出卖劳力搬货不是顺丰的终极宿命，接下来我们的赚钱模式要从手脚过渡到嘴巴，从体力转向脑力，从注重公司品牌形象转向开始重视员工个人形象品牌。

必须朝这三个方向转变，而真正实现转变的基础，就是我们每位同事都能够转变思维，积极配合公司的战略落地。转过来了，我们每一个人都能尝到成功的甜头，顺丰整个团队才能有一个质的飞跃。

四、做具有互联网思维的服务型企业

顺丰就是要从单纯的快递物流企业过渡到具有互联网思维的服务型企业。

现在我们所处的时代是互联网的时代，有人说我们这些传统的物流快递企业要想跟上时代的节奏，必须招聘一些具有互联网思维的人才。当然，这个是很有必要的。但是我认为不是简单地引进一些互联网人才就能解决目前顺丰所面临的诸多问题。更更要的是，我们所有顺丰人都要有互联网思维。

所谓的"互联网思维"具体到快递领域，我个人的看法是：公司应该反应更快，组织更加扁平化，而且能够根据客户需求不断迭代，随时随地改进服务。这个对于我们传统企业来说，会带来很大的冲击和挑战。

冲击和挑战主要在于：以往我们提供的都是高度标准化的产品和服务，要想反应得快，围绕客户的个性化需求提供更多的定制化服务，就必须改变我们原有的管理和操作模式。

举个例子，就拿广东最出名的早茶来说——你说它是标准化还是个性化？好像都说得通。你去酒楼，打开点心纸，上面有过百款的点心小吃供你选择，你喜欢哪几款，自己打钩下单，三五分钟后点心就会被端上桌，是一个相当个性化的过程；但是对于后厨的点心制作部门来讲，它又是一个相当标准化的过程，做虾饺的就做虾饺，包烧卖的就包烧卖，什么皮包什么馅，包完蒸多少分钟，缺多少了开始补货，有一套科学标准的流程。

而现在的互联网的概念就是：客户在走进餐厅之前，他提前通过手机点的餐已经到了后厨，客户一来就马上蒸熟端出来给他，这是一个无缝连接的过程，整个供应链程序高度扁平化，可以最大限度地降低成本、提高效率，并且从价格、服务、个性化需求对接方面提升客户感知。

以上描述的是互联网思维的一部分。你千万不能只看自己所处的一个环节，而要看整个产业链的全过程；千万不要只看某一个产品，而应该看上下游与之相关的多个产品；千万不要只盯住你所服务的企业，更要观察消费者个人。并且在这一过程中，能够提供个性化的产品或服务，让客户去选择。顺丰就是要从单纯的快递物流企业过渡到具有互联网思维的服务型企业。

未来我们顺丰要扮演什么角色呢？是饭店，饭店的物流供应商、饭店的信息系统，还是一个简单的咨客？都是！关键要把握好其中的平衡点，在这个平衡点里面你去对应某个具体产品所能满足的需求，同时在动态中调节标准产品的数量及变化。

拿广式酒楼比较另类的一款点心榴莲酥来说，因为其刺激性的气味可能喜欢的人不多，而传统的销售模式，面对的客户群可能也就是一个小区，销售量非常有限。但是现在我们可以结合物流快递以及互联网销售模式，把餐厅、厨房的辐射范围延伸到全市，原来面向一个小区可能只有十几个人喜欢榴梿酥，而面向全市之后可能就是几千个人喜欢，销量自然也就好起来了。

今时今日，互联网思维就像是阳光雨露一样，是大众生活的有机组成部分。我们绝大多数人每天都在享受互联网所带来的各种服务和便利，那么客户究竟需要什么样的互联网服务，你是一个服务提供者，同时也是一个消费者，你站在客户的角度去思考问题，就知道自己需要去做什么了。

五、我绝不会只顾公司不管员工

未来市场、政策、经济环境会有什么变化，没有人知道，顺丰在面对这些变化时会积极去尝试很多新的模式，同时内部也会不断进行调整。不过不管怎么变，有一样东西是不变的，那就是公司对待所有员工的"心"，依然很正、很真、很纯。

我们做任何事情，包括内部改组，都会优先考虑到我们的员工。当然，这个"员工"是有条件的，前提就是你也是真心为公司付出，同时能顺应公司发展积极去迎接变化。这样的员工不用担心自己在公司的变革调整中会被边缘化，相反会获得更多机会。至于那些心术不正、不愿意付出、惯于浑水摸鱼的人，我们是坚决打击的。

在变化过程中，我们设计任何东西都是双向考虑的，既要照顾到员工的利益又要考虑到公司的发展，绝不会只顾公司不管员工。只要我王卫在顺丰一天，都会持这种信念去推动公司未来的战略规划以及日常管理。

具体到2015年，则是继续优化2014年变革的内容。战略规划层面的东西不可能一年一变，目前我们执行的这个规划肯定要保持三年到五年，要进一步培养很多能力，包括供应链能力、普运能力、冷运能力、B2C市场的服务能力……在我看来，2014年是开局，开局之后不可避免地会出现一些问题。有问题很正常，关键是要想办法及时去解决它。接下来我们会对很多BU进行优化、做实，包括把一些BU的亏损减少，把一些新产业的服务质量做好、规模做大、优势突出等。

顺丰王卫内部讲话（三）

之前谈了不少关于创新、变革、服务等方面的内容，现在我想和大家谈谈与之配套的软环境——信仰、文化和道德。

一、信仰让人自律和感恩

很多同事都知道我是有宗教信仰的人——信仰佛教。为什么会有这个信仰，这个信仰给我带来了什么，了解了这些之后，相信大家对我王卫和顺丰的所作所为，以及顺丰未来的发展会有更好的理解。

我22岁开始创办顺丰，25岁公司初具规模，算是赚得了第一桶金。可能有人会说王卫很难得，年轻得志，却没有头脑发热变成"土豪"。其实，我25岁的时候也曾经是一副标准的暴发户做派。

不过这一切都是有背景和原因的：我们全家1978年从中国内地移居香港，当时面临的境况是一穷二白，一切都要重新开始。我父母之前在内地是大学教授，但是到香港学历不被承认，就只能去做工人，收入微薄。

所以我穷过，相当清楚贫穷和被人歧视的滋味。后来当我25岁赚到人生第一桶金之后，有点目空一切的感觉，恨不得告诉全世界，我王卫再也不是从前那个样子了，我也是有钱人了！

所幸，这个过程没有持续多久，主要原因有三：

第一，随着事业不断迈上新台阶，个人的眼界和心胸不一样了；

第二，得感谢我的太太，她在我得意忘形的时候，不断泼我冷水，让我保持清醒和冷静；

第三，找到了精神依托，信了佛教。

人生有百分之九十九的东西你都控制不了，只有一个百分点你可以掌控，那就是做事的态度。这个态度都有两面，究竟是采取积极的态度还是消极的态度，是接受正念还是邪念，由你自己来决定。如果你在这方面做出了正确的选择，就会把这一个点又放大成一百个点，弥补很多其他方面的不足。

为什么要讲这个呢？因为在企业的发展过程中，我越来越意识到，我今天的所谓成功，其实是上辈子积下来的东西，而在这个过程中，所谓的本事，只是天时地利人和集合到一起的一个福报。

坦白说，我不太相信偶然，为什么会有偶然，因为无知才会相信偶然，突然中了大奖，不知道为什么，就会觉得是偶然，当所有的因果都集中到一起后，你再去比对，你会知道这是必然。我们现在要做的，就是利用顺丰这个不错的平台，把未来很多不确定的看似偶然的东西变成必然。

二、用文化来吸引人、塑造人

佛教中有很多"法"故事，这些故事的宗旨都是帮助世人"正知、正念、正行"。虽然都是一些形而上的道理，但是能够给人一个正念，一个积极的人生观、价值观，同时还能够通过接受者的一言一行传播开来，比直接授人以鱼、予人钱财，功德更大。而企业文化做得好，也具有这样的功能。

现在每年公司都有很多人进进出出。为什么有些员工满怀憧憬地进入公司，过一段时间却走掉了？原因很简单，要么是受到了不公平待遇，要么是不能满足他的需求（包括物质的，也包括职业发展的）。但这里面可能存在一个问题：那就是很多离职员工所需要的东西并非公司给不了，而是公司并不知道他想要什么。

这就很可怕。人留在公司，才可以做企业文化，才能有针对性的培养，人来了两三个月就走了，再对一个新来的人讲企业文化，如此恶性循环，是没有用的。这就好比我们培养自己的孩子，当他两三岁的时候你跟他说要爱爸爸妈妈，要好好学习，他才懒得理你，就知道伸手要吃的；然后他进入青春期了，就学会了反叛。

任何人的成长都有这么一个过程，对于企业员工也是一样。首先你要让他能在企业待得下去，然后才能通过企业文化、制度、培训、激励等方式方法，让他真正融入整个团队，找到归属感，获得荣誉感。

我们每个人都曾经年轻过，大家想想自己年轻时的心态——在想些什么，想要些什么，最反感什么……因此我们应该学会将心比心，用年轻人熟悉的语气、方式去和他平等地对话，不要有居高临下，不要有颐指气使，更不要有太多命令指责。

除了不同年龄段，不同级别的人需要的东西也不一样——有一定物质基础的人和完全要解决生存的人，追求不一样，日常的需求和着眼点也不一样。对待公司高层要以什么样的方式，对待刚进公司一年的同事要采取什么样的方式，对待服务公司超过十年的老员工要以什么样的方式……不同级别、不同年龄、不同工龄，甚至不同性别都要有不同的应对之策。在这里千万不要采取所谓的以不变应万变，眉毛胡子一把抓，工作必须做细，方式方法必须系统科学。

三、关于个人修养，即是"德"的问题

今天这个社会，经济大发展了，但人心却更浮躁了，很多人有意无意地都在追求"威"（广东话"威水"的简称，意指炫耀，傲慢）。但是在什么基础上才可以去威，威的基础是什么，很多人都没有搞清楚。有人觉得有钱有权就威，我认为这个观念是完全错误的。威不是建立在金钱或权力的基础之上，而是建立在道德的基础之上。一个人可以昂首挺胸地走在路上，并且收获的都是尊敬且乐于亲近（而不是羡慕

嫉妒恨）的眼神，这才叫威。

在这里我想告诉我们所有的顺丰同事，要正确理解威的内涵，关于社会上对它的"迷信"一定要彻底打破。很多人喜欢在穷人面前炫富，在平民老百姓面前炫耀权力，在我看来这是一种很幼稚的表现，他们错误理解了财富和权力的含义，同时还缺乏一样很重要的东西。

这几年报刊媒体都在讨论，说我们的国人出国被外界歧视，是因为现在中国人有钱了，他们妒忌，心理不平衡。对此我想说的是，这方面的原因不能说没有，但更多的恐怕还是看不惯我们种种愚昧以及缺乏教养或素质的行为。一个人所拥有的财富和他的品格、素养不成正比的话，是一件相当可悲的事。

我们走出去后，要想别人尊重我们，首先我们自己必须有道德有修养，并且学会尊重别人。怎样才算尊重别人呢？首先你要尊重人家的环境，不随地吐痰，不乱扔垃圾；其次你要尊重人家的生活习惯，公共场所不大声喧哗，乘车购物时自觉排队；最后要尊重人家的文化，不同的宗教信仰，不同的制度法规你得了解，避免在日常行为中构成挑衅或冒犯……

如果这些你都毫不在意，就凭着自己的感觉和习惯在异国他乡"为所欲为"，被人鄙视也就纯属自找的了。现在顺丰海外网点越开越多，内部员工中出国旅游的人也越来越多，我希望大家千万不要沾染上种种恶习。

关于尊重我还有一个自己的衡量标准，那就是要让为你提供服务的人也因为服务你而感到开心。去饭店吃饭，上至经理下至服务员，我都会主动跟他们打招呼，服务过我的服务员，也都很享受服务我用餐的工作过程，因为我会很礼貌很平和地去跟他交流，我要让这个服务员因为服务我而感到很开心，这叫尊重。相反，有些人一进到饭店就是一副不可一世的做派，对服务员呼呼喝喝，态度相当恶劣，这样的人是很难收获真正的尊重的。

后 记

"黄色的林子里有两条路,很遗憾我无法同时选择两者……许多许多年以后:林子里有两条路,我选择了行人稀少的那一条,它改变了我的一生。"

这是美国诗人罗伯特·弗罗斯特(Robert Frost)在《未选择的路》一诗中的开始和结尾。

按照正常的逻辑,跟随父母迁居香港的王卫奋发图强,考取牛津大学或者剑桥大学,由此走遍世界,成为世界著名的科学家,抑或著名企业的CEO。

然而,命运却跟王卫开了一个大大的玩笑。迁居香港的王卫一家,因为其父母学历和资历不被香港当局认可,由此开始了他们的苦难生活。

艰难的生活,让王卫较早地意识到生活的艰辛和不易。

王卫与顺丰

高中毕业后的王卫，毅然放弃求学，奔向就业之路。

与大多数底层子弟一样，王卫进入叔叔的工厂，开始自己的学徒生涯。其后，北上的投资潮，让王卫看到了希望。

由此，王卫开始了自己的老板之路。开始，王卫与其他港商一样，投资印染项目。细心的王卫在印染业务中洞察到快递市场的需求。

王卫选择了这条行人稀少的路，由此改变了他的一生。这就是我引用这两句诗歌来介绍王卫的原因。

研究发现，移民香港的底层子弟成千上万，为什么只有像王卫这样的少数脱颖而出，一个关键之处在于，看到商机的王卫，即刻敢想敢干。

1993年，王卫在顺德成立顺丰公司，由此拉开了顺丰一路顺风的成长路径。

其后，王卫把总部设在深圳，随后迎来跨越式发展。王卫在接受《南方日报》采访时谈到这个问题：

当时没有考虑得很复杂。第一，深圳离香港近，人和货物通关都便利，也方便我回家。第二，跟其他城市相比，深圳也更有活力，20世纪90年代末期这里还是一个移民为主的城市,来深圳的人,会有种不一样的朝气。第三,这座城市没有"包袱",年轻人来到这片全新的土地,就是闯,就是干事业。

在王卫看来,创业者不仅要创,更要闯。正因为如此,王卫一次次掀起顺丰变革。从当年的加盟模式转向直营模式,由此拉开了顺丰壮士断腕的变革序幕。

其后,王卫再次变革,从快递开始向全渠道生态转型,以及布局物流地产,甚至是启动国际化。

面对对手亦步亦趋的紧逼,坚持重资产模式的顺丰开始被对手赶超,此刻的王卫也不得不借助资本的力量,借壳上市,以此来应对竞争者的挑战。同时,王卫还启动了一系列的变革和优化,尽可能地让顺丰立于潮头。

正是因为坚持"创"与"闯"的王卫,把顺丰带上一个新的台阶。2019年2月26日晚,顺丰控股发布的2018年业绩报告显示,集团2018年营业总收入为909.43亿元,比2017年同期增长27.6%;归属于上市公司股东的净利润为45.56亿元,比上年同期下滑4.57%。

这里,感谢"财富商学院书系"的优秀人员,他们也参与了本书的前期策划、市场论证、资料收集、书稿校对、文字修改、图表制作。

以下人员对本书的完成亦有贡献，在此一并感谢：周梅梅、吴旭芳、简再飞、周芝琴、吴江龙、吴抄男、赵丽蓉、周斌、周凤琴、周玲玲、金易、汪洋、兰世辉、徐世明、周云成、周天刚，丁启维、吴雨凤、张著书、蒋建平、张大德、周凤琴、何庆、李嘉燕、陈德生、丁芸芸、徐思、李艾丽、李言、黄坤山、李文强、陈放、赵晓棠、熊娜、苟斌、佘玮、欧阳春梅、文淑霞、占小红、史霞、陈德生、杨丹萍、沈娟、刘炳全、吴雨来、王建、庞志东、姚信誉、周晶晶、蔡跃、姜玲玲、霍红建、赵立军、王彦、厉蓉、李艾丽、李言、李文强、丁文、兰世辉、徐世明、李爱军、周云成、叶建国、欧阳春梅等。

任何一本书的写作，都是建立在许许多多人的研究成果基础之上的。在写作过程中，笔者参阅了相关资料，包括图书、网络、视频、报纸、杂志等资料，所参考的文献，凡属专门引述的，我们尽可能地注明了出处，其他情况则在书后附注的"参考文献"中列出，并在此向有关文献的作者表示衷心的谢意！如有疏漏之处还望原谅。

本书在出版过程中得到了许多教授、研究企业管理，自媒体、营销的专家，以及出版社的编辑等的大力支持和热心帮助，在此表示衷心的谢意。

感谢本书法律顾问大简律师事务所的丁应桥律师。

由于时间仓促，书中纰漏难免，欢迎读者批评指正（E-mail：zhouyusi@sina.com）。同时也欢迎约稿、讲课和战略合作。联系方式：E-mail：450180038@qq.com；微信号：xibingzhou；荔枝讲课：周锡冰讲台；公众号：caifushufang001。

周锡冰

2019年3月18日于财富书坊